반드시 합격하는
자기소개서 뚝딱 쓰기

일러두기

■ 인명이나 지명은 국립국어원의 외래어 표기법에 따라 표기했으며, 규정에 없는
경우는 현지음에 가깝게 표기했습니다.
■ 이 책의 등장인물 이름이나 예시는 학생들의 동의를 구한 후 재가공했습니다.

대입 수험생을 위한

반드시
합격하는
자기소개서
뚝딱 쓰기

김호창 지음

다온북스

쉽고 빠르게 대학에 합격하는 방법,
자기소개서 잘 쓰기

자기소개서, 누구나 잘 쓸 수 있다!

이 책은 단기간에 뛰어난 자기소개서를 작성하기 위한 지침서다. 학생들이 많이 하는 질문 중 하나가 '자기소개서를 잘 쓰면 정말 대학에 합격을 할 수 있는가'이다. 결론부터 말하자면 그럴 수도 있고, 그렇지 않을 수도 있다. 학생을 선발하는 대학에서 자기소개서에 비중을 많이 두면 자기소개서가 합격의 당락을 결정할 수 있고, 자기소개서가 아무런 역할을 하지 못할 수도 있다.

자기소개서를 제출하라고 하는 대학의 목적은 생활 기록부와 성적 이상의 가능성을 보겠다는 것이다. 그러니 자기소개서의 영향이 적을 수 없다. 또 자기소개서를 거짓말로 쓰거나 대학에서 탈락 사유로 여기는 내용이 포함되어 있으면 떨어질 확률이 높다. 이럴 때는 자기소개서의 영향이 절대적이다. 만약 내신 성적이 좋지 않은데 합격한 경우가 있다면 자기소개서가 합격의 당락을 완전히 결정한 것이라 할 수 있을 것이다.

어쨌거나 이 책을 읽는 학생들에게 '안전하게', '무난하게' 자기소개서를 쓰는 방법을 알려 주고 싶은 것은 아니다. 최소한 다른 학생들보다 잘 쓴 자기소개서, 더 나아가 아주 뛰어난 자기소개서를 작성하는 방법을 알려 주고 싶다. 만약 학생이 자기소개서 비중이 높은 대학에 지원했다면, 이 책에 나와 있는 방법대로 써 보면 좋겠다. 그러면 충분히 대학 합격의 결과를 뒤바꿀 수 있을 것이다.

또 이 책을 통해 알려 주고 싶은 것은, '편하게', '빠르게' 자기소개서를 작성하는 방법이다. 자기소개서 작성법에 대해 학생들이 가장 많이 하는 질문은, '자기소개서를 쓸 때 어느 정도 시간을 갖고 작성해야 하냐는 것'이다.

많은 학생들이 자기소개서를 쓸 때 귀중한 시간을 쓰고 정성을 쏟는데 사실 그럴 필요가 없다. 왜냐하면 일정 기간 이상 고민할 만큼 학생의 인생이 파란만장한 경우가 드물고, 설령 친구들과 다른 삶을 살았다고 할지라도 오래 고민하면 할수록 오히려 '나'와는 거리가 먼 자기소개서가 만들어질 것이기 때문이다.

사실 5,000자 내외의 자기소개서를 완성하는 데 걸리는 최장 시간은 약 10시간 이내이다. 그 시간을 넘으면 거짓이 들어가거나 미사여구로 인해 거부감이 드는 자기소개서가 될 가능성이 높다. 그러니 이 시간 동안 충분히 고민하거나 하루에 한두 시간씩만이라도 차근차근하게 쓰면 3~4일 만에 자기소개서를 완성하게 된다.

이 책은 〈자기소개서 쓰기: 1단계〉를 제외하고, 특별히 많은 시간을 들이지 않아도 되게끔 구성했다. 그래서 갑작스럽게 자기소개서를 새로 써야 하는 학생이 봐도 이해하기 쉽도록 구성했다. 내신 성적이나 기타 경쟁률 때문에, 또는 갑자기 원서를 내야 하는 경우나 여러 사정에 의해 급히 전공을 바꾸는 경우에는 단 몇 시간 만에 자기소개서를 뚝딱 만들어 내야 하는데, 그런 경우에도 이 책에 나온 과정을 성실하게 따라 한다면 충분히 좋은 자기소개서를 만들어 낼 수 있다.

지금 자기소개서를 쓰는 여러분은 결코 시간이 부족한 것이 아니다. 자기소개서가 아니라 '가식소개서'를 만들어 내려 하고, 내 인생을 새롭게 창조해 내려 하니 시간이 많이 걸리고 쓰기가 힘든 것이다.

아마도 이 책을 다 읽는 데에는 2시간이 채 걸리지 않을 것이다. 그러니 아무리 바쁘더라도 이 책을 끝까지 다 읽고 자기소개서를 작성하면 좋겠다.

이 책에서는 자기소개서를 작성하는 방법으로 총 4단계를 제시하고 있는데, 1단계부터 차근차근하게 작성하면 단 하루 만에 자기소개서를 충분히 쓸 수 있다. 1단계는 편하게 나를 들여다보는 단계, 2단계는 자기소개서 질문에 답하는 단계이다. 3단계는 그 답에 살을 붙이는 단계이고, 4단계는 직접 글을 쓰는 단계이다.

이렇게 단계를 꼼꼼하게 밟으면 자기소개서가 놀랍도록 쉽게, 술술 만들어질 것이다. 그리고 며칠 동안 끙끙대며 만들어 놓았던 자기소개서보다 훨씬 훌륭한 자기소개서로 변신하게 될 것이다.

그다지 추천하지는 않지만, 도저히 책을 처음부터 읽을 만한 시간을 내기 어려운 학생은 2단계부터 읽고 써도 된다. 그렇게 한다면 아마도 넉넉잡아 5시간 정도 걸릴 것이다. 만약 이 책을 읽지 않고 그냥 5시간 만에 자기소개서를 쓴다면, 탈락 사유로 범벅이 된 자기소개서가 만들어질 가능성이 매우 높다. 시간이 없으면 없을수록, 생각이 나지 않으면 않을수록 자기소개서는 거짓말투성이가 되기 때문이다.

'더 좋은' 자기소개서를 작성하려면 단순히 읽는 것에서 그치지 말고, 이 책의 내용을 그대로 따라 해 보기를 권한다. 각 단계를 다 거치면, 혼자 힘으로 작성할 수 있는 최고 수준의 자기소개서를 작성할 수 있을 것이다. 덤으로, 면접 전형이 있는 학생에게는 최고의 면접 대비가 될 수도 있다.

아무리 시간이 없어도 이 책을 꼭 활용하라. 이 책은 읽기만 하면 상당히 괜찮은 자기소개서를 작성할 수 있게끔 되어 있다. 따로 훈련하지 않고, 어렴풋이 책의 내용을 기억하기만 해도 자기소개서는 이전의 자기소개서와는 확연히 달라질 것이다. 믿고 행하라. 가장 좋은 자기소개서를 만들게 될지니.

차 례

✏️ 자기소개서 쓰기: 4단계

✏️ 부록

자기소개서 쓰기:

1단계

자기소개서를 가장 잘 쓸 수 있는 사람은
다양한 경험과 뛰어난 능력이 있는 사람이다.
하지만 내 경험이 다른 사람의 경험과 비슷하다면
결국은 얼마나 '나를 잘 드러낼 수 있느냐'가 중요할 것이다.

이번 1단계는 '나를 드러내는 단계'다.
마음껏, 그리고 자유롭게 '나'를 드러내 보자.

'나는 누구인가'라는
질문을 마주하자

　먼저 이 책을 보는 여러분에게 부탁하고자 한다. 만약 시간적 여유가 있다면 자기소개서를 작성하기 전에 '나'를 돌아보는 것부터 시작하면 좋겠다. 내가 살면서 인상 깊었던 일, 내가 몹시 부끄러웠던 일, 혹은 내가 자랑스러웠던 일 등 나만이 알아볼 수 있는 내 이력을 적어 보는 시간을 잠시라도 가져보는 것이다.

　어쩌면 이 시간은 자기소개서를 쓸 때 가장 필요 없는 시간이 될 수도 있다. 또 이 시간 동안 작성한 모든 것이 자기소개서에 반영되지 않을 수도 있다. 그럼에도 불구하고 이 시간을 강조하는 이유는 '더 좋은 자기소개서'의 가능성을 열어 놓는, 비밀의 빛이 새어 나오는 방과 같은 역할을 할 수 있기 때문이다.

　사실 자기소개서는 잘 써봤자 본전이다. 왜냐하면 생활 기록부에 다 나와 있는 이야기이기 때문에 그걸 풀어 쓴다고 해서 가점을 받을 리가 없다. 그런데 만약 생활 기록부에 없는, 나만의 디테일한 자기소개서를 만들어 낸다면 충분히 높은 점수를 받을 수 있을 것이다. 예를 들어 단순히 수행 평가를 한 것은 생활 기록부에 기록되어 있지만, 생활 기록부를 벗어나 당시에 고생했던 흔적들, 친구들과의 다툼이나 그 다툼을 해결하려고 했던 나의 노력을 끄집어내 나의 우수함과 노력을 녹여 낸다면 일반적인 자기소개서에서는 볼 수 없는 '나만의 개성이 드러나는 자기소개서'를 만들 수 있다. 이 작업이 바로 '나는 누구인가'라는 질문을 마주하자 단계의 핵심이라고 할 수 있다.

✒ 1단계를 어떻게 시작할까?

글을 쓰기 전, '나'를 돌아보는 시간을 갖자. 일단 종이를 꺼내 '나'와 관련된 것들을 하나도 빠짐없이 적어 보자. 내 장점과 단점은 물론, 하다 못해 발뒤꿈치에 점이 있으면 그것까지 다 적어 보자. 남에게 말하지 못했던 비밀이나 도저히 면접관에게 말할 수 없는 수치스러운 면도 일단 다 적어 보자. (어차피 실제 자기소개서에 쓰지 않으면 그만이다.) 글로 쓰기 힘들면 녹음해도 좋다. 만약 내 이야기를 들어줄 사람이 있다면 그 사람에게 이야기해도 된다. 문장을 완성하기 힘들면 단어로 적어도 좋고, 단어가 떠오르지 않으면 낙서나 그림으로 표현해도 된다. 그러니 자기소개서에 대한 생각이나 고민은 잊어버리고 형식이나 내용을 따지기 전에 생각나는 대로 모두 적는다.

아래 예시는 실제로 한 학생이 자기소개서를 쓰기 전 편하게 작성한 글이다. 이 학생은 '나는 친구가 없다'는 고백까지 했다.

나는 친구가 없다. 난 왜 친구가 없을까? 그건 내가 개성이 강하기 때문이 아닐까. 그러다 보니 다른 사람들에게 피해를 줄 때도 있다. 싫은 것은 못 참는 성미고, 가끔은 그것 때문에 싸우기도 한다. 어떤 때는 반 친구 모두 날 이해하지 못한다고 생각한 적도 있다.

원만하지 못한 성격이나 이기적인 성격을 밝히면 감점 요인이 될 수도 있다. 그래도 일단은 다 적어 보라고 하니 그 학생은 여전히 반신반의하다 내 설명을 충분히 듣고 나서야 비로소 속에 있는 이야기까지 모두 털어놓았다. 이 학생은 나와 약 두 시간에 걸친 대화 끝에 상당히 많은 양의 기억을 되살려 냈다.

그런데 며칠 뒤 그 학생이 우울한 표정을 한 채 나를 찾아왔다. 친구들에게 놀림거리가 되었다는 것이다. 내가 알려준 대로 쓴 1단계의 글을 본 친구가 심하게 놀리면서 '이것도 자기소개서라고 썼냐, 이렇게 쓰는 것은 초등학생도 할 수 있다, 그리고 이걸로는 대학 근처에도 갈 수 없다'고 했다는 것이다. 그 이야기를 들은 나는 무척 화가 났다. 친구의 글을 훔쳐본 것을 반성하지는 못할망정 오히려 놀려대는 뻔뻔함과 자기소개서 초안만 보고 대학을 갈 수 없다고 비아냥대는 분위기도 화가 났다. 갑작스럽게 오기가 발동한 탓이었을까? 나는 학생에게 '친구가 없다'라는 말을 넣어 자기소개서를 만들자고 제안했다. 학생은 난감한 표정이었지만 일단 나를 믿고 1단계의 수정 과정을 거쳤다. 그리고 앞으로 이 책에서 소개할 2단계, 3단계의 과정을 거쳐서 다음과 같은 자기소개서를 완성하게 되었다.

아래는 앞서 예시로 들었던 '친구가 없다'는 내용의 자기소개서를 완성한 글이다. 참고로 이 학생은 수학과에 지원했다.

저는 어려서부터 음악과 사색을 좋아했기 때문에 친구가 많지 않은 편입니다. 저는 사람들과의 관계도 중요하지만, 문제가 생기면 그 해결책을 찾아 끝까지 고민하는 경향이 있습니다. 그래서 수학 문제를 풀다 보면 옆에 있는 친구의 존재마저도 잊어버릴 정도여서 종종 오해를 사기도 합니다.

저는 벌거벗은 채 거리를 뛰어다니며 '유레카'를 외친 수학자이자 모래 위에 기하학 문제를 푸느라 그려 둔 원을 로마 병사가 밟았다고 화를 내다가 죽임을 당한 아르키메데스에 대해 잘 알고 있습니다. 사실 많은 수학자들이 이런 집착들 때문에 대인 관계가 썩 좋은 것은 아니었다는 것도 알고 있습니다.

때문에 앞으로 저는 이런 특이한 성격을 조금씩 고쳐나갈 생각입니다. 그러나 제가 남들과는 조금 다른 성격이라고 해서 배척하는 것은 부당하다고 봅니다.

요즈음 수학을 좋아하는 학생은 반에 한두 명이 채 되지 않는 것 같습니다. 누군가에게 수학을 좋아한다고 하면 이상하게 생각하는 분위기입니다. 저는 대학에서 수학을 전공하게 된다면 청소년기의 고민과 경험을 토대로 수학을 좀 더 쉽고 재미있게 지도하고 싶습니다. '페르마의 마지막 정리'를 이야기하며 학생들과 가볍게 웃음 지을 수 있는 수학 선생님이 되는 것이 제 꿈입니다.

이렇게 시작한 자기소개서는 면접관들에게 상당히 우호적인 이미지를 줄 수 있었다고 한다. 그래서 오히려 학생이 면접 볼 때, 면접관들은 자기들의 학창 시절을 생각하며 두둔하는 이야기도 해 주었다고 했다.

결국 학생은 원하던 수학과에 합격했는데, 많은 합격 요인 중에서도 가장 결정적이었던 것은, '집요한', '몰두하는'이라는 말로 본인의 성격을 잘 풀어내어 면접관의 공감을 얻고 전공 적합성에서 높은 점수를 받은 것이었다.

물론 모든 학생이 이 학생처럼 일부러 단점을 적을 필요는 없다. 단지 1단계에서 강조하는 것은 자기소개서에 쓸 내용은 잠시 잊고, 자기 자신에 대해 생각해 보라는 것이다.

✍ 다 쓰면 어떤 점이 좋을까?

① 남과 다른 자기소개서가 된다

학생들의 과거나 경험은 비슷하기 때문에 다양한 기억들을 끌어내지 않으면 매우 진부한 자기소개서를 작성하게 될 수밖에 없다. 아침에 일어나 학교에 가고 집으로 돌아와서 공부하는 것 외에 남다른 과거를 가진 학생은 드물기 때문이다. 조금 특이한 경우가 있다면 어학연수를 다녀왔다거나, 가족이나 친척이 사망한 일 정도일 것이다. 그래서 준비 없이 써 내려간 자기소개서는 '진부한 내용'을 확대했다는 공통점이 있다.

할머니가 돌아가신 것은 생명의 소중함을 일깨워준 계기가 되었고, 엄격한 아버지 밑에서 예절과 도덕을 익혔으며, 자상하신 어머니를 통해 희생정신을 배웠다, 반장을 했던 것은 집단에서의 리더십을 익히는 계기가 되었고, 어릴 적 크게 아팠던 것은 의대를 가기 위한 준비였다 등의 빈약한 과거들을 꺼내 쓰다 보면 자기소개서는 뻔한 글로 가득 차게 된다.

아무리 사소한 기억일지라도 자기소개서에 기재할 내용을 빠짐없이 적어 보는 이 과정은 후에 자기소개서를 쓰는 시간을 단축할 때 큰 도움이 된다. 그런데 대부분의 학생들은 "이렇게 많은 내용을 어느 세월에 다 쓰지…?" 하며 고개를 갸웃거린다. 하지만 불안해하지 마라. 지금까지 이 과정에 두 시간 이상을 쓴 학생은 거의 없었다. 대개 한 시간 정도면 과거의 수많은 일을 적기에 충분하다. 그러니 이 단계가 오히려 뛰어난 자기소개서를 만드는 지름길이 될 수 있다.

② 정확한 자기 진단을 할 수 있다

감기가 의심되는 환자라고 해서 의사가 감기와 관련된 것만 묻지는 않는다. 대부분은 생활 전반에서부터 식습관이나 수면 시간까지 꼬치꼬치 캐묻는다. 때로는 감기와 전혀 관련이 없는 것들에서 병의 원인을 찾아낼 때도 있다. 자기소개서도 마찬가지이다. 무턱대고 쓰기 시작하면 그다지 중요하지 않은 것이 과장되는 경우가 많다. 이른바 '놀라운 자아'의 자기소개서인데, '내가 왜 이렇게 썼을까?' 한탄하는 경우가 여기에 속한다. 이런 일이 벌어지는 이유는 꼭 써야 할 것이 정리되어 있지 않거나, 글을 쓸 때 무의식이 자기소개서를 지배하기 때문이다.

만약 내가 쓸 내용이 명확하다면 글의 전개나 내용이 옆길로 새지 않는다. 예를 들어 1단계를 통해 성장 배경 중 특이점을 찾아냈다면 그것으로 인해 파생되는 다양한 결과물들을 잊지 않고 쓰게 된다. 그것이 '전학이 잦은 것'이었다면, 그것을 통해 적응력을 키우게 되었고, 그래서 다른 친구와의 관계도 좋았다는 자기에 대한 진단이 가능하다. 만약 '모범학생상'을 받은 적이 있는 학생이라면 어떻게 해서 '모범학생상'을 받을 수 있었는지에 대한 원인도 정확하게 분석할 수 있다. 이때 단순히 상을 나열할 것이 아니라 내가 그런 상을 받을 수밖에 없었던 이유와 원인을 기술하면 훨씬 더 설득력 있고 솔직하게 자기소개서를 작성할 수 있다.

③ 실제적인 구술준비가 될 수 있다

몇몇 대학에서는 자기소개서를 제출한 후 면접 전형을 실시하고 있다. 이때 면접 전형에서는 학생이 쓴 자기소개서뿐만 아니라 생활 기록부 등 다양한 내용을 확인하려 할 것이다. 그런데 단순히 자기소개서를 작성하는 것에 의의를 두면 구술 면접 대비에 더 많은 시간을 들여야 한다. 그러나 사전 단계를 거치면, 내 스펙, 가치관, 진로 적성 등 많은 부분을 정리할 수 있다. 뿐만 아니라 처음부터 자기소개서 자체를 면접에 유리한 방향으로 작성할 수 있다.

실제 면접은 제출하는 문서보다 구체적인 답변을 요구하는데, 이런 경우에는 '문서'에 기반한 자기소개서보다는 '삶'에 기반한 자기소개서가 월등히 유리하다.

"자주 등산을 하면서 자연스럽게 동·식물에 대한 관심이 생겼다"고 쓴 생물학과 지망생을 예로 들어 보자.

이 학생은 앞에서 설명한 방법으로 자기소개서를 썼는데, 1단계에서는 하산하다 조난당한 일, 산에서 흔히 보는 '당귀'라는 풀과 독초를 구분하지 못해 배탈이 났던 일까지 모두 적어 놓았다. 이후 구술시험을 보러 갔을 때 면접관이 이 일에 대해 질문하자, 다른 학생들보다 훨씬 생생하게 답변할 수 있었다. 특히 동·식물에 관심이 많은 면접관들이었기 때문에 학생의 생생한 경험을 들은 어떤 면접관은 면접 도중 '당귀'와 독초를 구별하는 법에 대해 자세히 알려 주셨다.

자기만의 경험을 솔직하게 쓴 이 학생은 다른 학생들보다 더 많은 질문을 받아 훨씬 많은 답변을 해야 했다. 그러나 단순히 자기소개서만 쓴 것이 아니라 1단계에서 충분히 내용과 말하고자 하는 바가 정리되었기 때문에 질문에 대답하는 시간이 힘들지 않아, 오히려 즐겁게 면접을 볼 수 있었다. 이 자기소개서는 '할머니가 돌아가셨을 때 생명의 소중함을 배웠다'는 내용이나 '어릴 적 시골에 사시는 할머니 댁에서 보았던 동·식물 때문에 생물학과에 지원했다'라는 뻔한 내용에 익숙한 면접관들에게도 눈이 번쩍 뜨일 만큼 재미있는 이야기였을 것이다.

④ 시간을 아낄 수도 있다

자기소개서가 술술 써지지 않는 학생이라면 '자기소개서를 쓸 때 왜 이렇게 시간이 많이 걸릴까?'라고 생각할 수도 있을 것이다. 그런데 그 이유는 간단하다. 실제로 내세울 만한 것이 없거나, 있어도 그걸 어떤 방식으로 보여 주어야 할지 잘 모르기 때문이다. 이렇게 갈피를 잡지 못한 상태에서 쓰고 지우고, 다시 쓰고, 지우는 것을 반복해 봐야 만족할 만한 자기소개서를 쓰기 어렵다. 그러나 사전에 1단계를 잘 거쳤다면 일단 쓸 것이 많을 것이다. 뿐만 아니라 자기소개서보다 구체적으로 생각했기 때문에 어떤 것을 취하고 어떤 것을 버릴지 명확해진다.

1단계를 거친 뒤 자기소개서를 쓰는 것은 재료를 다 꺼내 놓고 요리하는 것과 같다. 미리 재료를 꺼내 놓고 요리를 하는 것과 도중에 계속

냉장고 문을 여닫으며 재료를 바꾸고 또 바꾸며 요리하는 것을 비교해 보면 답이 나온다. 물론 이것도 모든 학생에게 해당하는 것은 아니다. 어떤 학생은 1단계를 건너뛰어도 자기소개서를 쓸 수 있다. 쓸 것이 정확하고 방향이 정확히 잡힌 학생들은 이렇게 하지 않아도 된다. 그러나 대부분의 학생들에게는 이 단계가 오히려 자기소개서 쓰는 시간을 줄여 주는 역할을 할 것이다.

🖋 1단계 쓰기의 실제

① 생활 기록부에 형광펜으로 밑줄을 긋자

자기소개서 작성은 생활 기록부를 정리하는 것부터 시작한다. 일단 여러 색의 형광펜을 준비하자. 그리고 주요 사항에 형광펜으로 밑줄을 긋자. 내가 생각할 때 중요한 것, 남이 보기에 대단하게 보일 수 있는 것에 모두 밑줄을 그어 보자. 또 전공과 관련된 것에는 다른 색의 형광펜으로 밑줄을 긋자. 만약 아직 전공을 정하지 않았다면 하고 싶은 전공 관련 사항에 밑줄을 긋는다.

이때 주의할 점은 생활 기록부에 적힌 것만으로는 자세한 내용을 알 수 없는 사항에는 밑줄 옆에 따로 표시를 해 둔다. 원래 형광펜으로 밑줄 긋는 것을 넘어서 구체적인 내용을 써 놓아야 하는데, 그렇게 하면 시간이 너무 많이 걸리니 2단계에서 내용을 추릴 때 적기로 하자.

예를 들어 '모범학생상'이라는 수상 실적은 학생의 입장에서는 대수롭지 않을 수 있지만, 다른 사람의 입장에서 보면 이 상을 왜 받았는지, 어떤 노력의 과정을 통해 받았는지 알 수 없다. 그러니 이런 상에 대해서는 기록을 해 두어야 한다. 하지만 상 받은 경험을 자기소개서에 써도 되는지에 대해 이 단계에서는 쉽게 알 수 없으니 시간을 아끼자는 의미에서 표시를 해 두자는 뜻이다.

전공 적합성 →

수 상 명	등급(위)	수상연월일	수여기관	참가대상
1년 개근상		2019.02.20	○○학교장	1학년
교과우수상 (영어, 사회, 기술·가정)		2019.07.15	○○학교장	○학년
선행상		2019.05.05	○○학교장	2학년
표창장(효행 부문)		2019.05.15	○○학교장	전교생
자연탐구대회 (공동 수상, 3인)	은상(3위)	2019.05.04	○○학교장	전교생
고무동력기 날리기 대회	금상(1위)	2019.05.20	○○학교장	1학년
컴퓨터 경진대회 (정보검색 부문)	우수상(2위)	2019.09.20	○○학교장	전교생
독서기록장 쓰기 대회	장려상(3위)	2019.12.05	○○학교장	1학년
과학 탐구 대회 (물로켓 부문)	최우수상 (1위)	2019.04.20	○○학교장	2학년
영어 말하기 대회 (공동 수상,2인)	1위	2019.11.21	○○학교장	전교생
○○축전 우수작품 (시화 부문)	우수상(2위)	2019.10.20	○○학교장	전교생
논술능력평가시험	1위	2019.04.17	○○학교장	1학년

인성 부분: 친구들과 잘 지냈음을 강조 →

인성 부분: 성실함 강조 →

전공 적합성 →

학년	창의적 체험 활동	
	영역	특기사항
2	자율 활동 *전공 적합성* ↗	1학기 전교 학생회 부회장(2009.03.01-2009.08.31)으로 간부 수련회(20XX. 05.10-20XX.05.12), 대토론회(20XX.04.15) 등 모든 학생회 행사에 적극적으로 참여하고, 교내 인성 계발 프로그램(20XX.09.12-20XX.09.15, 유스센터 전문 상담 부름 교실)에 참여해 생활 습관에 변화를 보임. 또래 상담 학생들의 학교 지킴이 집단 상담 교육에 참여(6회)하고, 신체검사(20XX.09.10), 건강검진 시(20XX.10.07) 의사 선생님을 도와 원활한 운영에 기여함.
	동아리 활동	*(영어 회화반)* ↗ 영어에 관심이 많고 소질이 있어 영어 표현에 자신이 있고, 특히 말하기 부분에 탁월한 능력을 보임. '성차별에 대한 학생 인식'을 주제로 한 영어 토론을 진행한 후, 이에 대한 보고서를 작성함.

인성 부분: 리더십 강화 ↗

※ 시간 : 개별 학생의 출결상황이 반영된 시간임(실제 활동 참여 시간임).

② 무엇이든 자유롭게 적어 보자

자기소개서에 쓸 내용을 생각하기보다 '나는 누구인가?'라는 질문에 대해 먼저 자유롭게 적어 보자. 여기서 '자유롭게'적어 보자고 하니 '어디까지 자유롭게 생각해야 하는지'에 대해 궁금할 수 있다.

앞서 말했듯 사실 이 과정은 어떤 학생에게는 보석 같은 과정이 될 수도 있고, 어떤 학생에게는 전혀 쓸모없는 과정이 될 수도 있다. 자유롭게 적는 과정이 완성된 자기소개서에 아무런 영향을 미치지 않을 수도 있다는 말이다. 그러니 부담 갖지 말고, 제한 시간 안에 일단 전부 적어 보자. 어쩌면 이렇게 적은 것 중 맘에 드는 것이 없어 단 하나도 쓰지 않을

반드시 합격하는 자기소개서 뚝딱 쓰기

수도 있다. 그러니 최소 1시간 ~ 최대 2시간으로 제한 시간을 정한 후 일단 적어 보자.

가장 바람직한 1단계는 말 그대로 '자유롭게'인데, 대부분의 학생들이 단답형이나 다지선다형에 익숙하니 자유롭게 적기 어려우면 아래 힌트를 보자. 하지만 이것도 그냥 힌트일 뿐이니 꼭 이대로 할 필요는 없다.

☐ 나는 남보다 어떤 점이 뛰어난가?

☐ 나는 남보다 어떤 점이 특이한가?

☐ 나는 남보다 어떤 점이 부족한가?

☐ 나는 남과 다른 어떤 경험을 해 보았는가?

☐ 나는 어떤 기억이 가장 많이 남아 있는가?

☐ 나는 언제 가장 심하게 울었는가?

☐ 내가 만났던 사람 중에 어떤 사람이 가장 기억에 남는가?

☐ 나는 앞으로 어떻게 될 것 같은가?

☐ 남들은 나를 뭐라고 부르는가?

다음 글은 한 학생이 쓴 자기소개서로, 1단계 작업을 마친 상태이다. 언뜻 보아도 엉망진창이라는 느낌이 들 것이다. 그러나 좋은 자기소개서는 이런 글에서 출발한다.

난 대선고등학교에 다니는 김영수이다. 나이는 19세. 키는 175센티미터 정도. 얼굴은 그리 잘생기지는 않았고, 공부는 반에서 중간 이상. 이렇다 할 취미는 없으며, 음악 듣는 것을 좋아함. 그렇다고 다른 아이들처럼 가사를 줄줄 외우고 있는 건 아니고, 어머니가 평소에 공부하면서 음악 듣는 걸 싫어하셔서 몰래 듣다 보니 깊이 빠져들 수 없다.

어머니는 조금 완고하신 편이다. 그래서 나에게 이것저것 바라는 것이 많다. 아버지는 운송 회사에서 일하고 계시는데 회사에서 무슨 일을 하시는지는 잘 모르겠다. 아버지는 일이 많아 늦게 퇴근하시는 편이다. 그래서 가족끼리 대화할 시간이 넉넉하지 않다. 어머니의 성격이 꼼꼼한 편이라고 하면, 아버지는 조금 무관심한 편이라고 해야겠다. 평소 나는 어머니와 충돌이 잦지만, 아직까지는 대화를 많이 하는 편에 속한다. 하지만 나이가 더 들면 아무래도 어머니에 대한 반발심이 더 생길 것 같다.

우리 집은 성산동에 있고, 학교는 연희동 근처에 있다. 학교에 갈 때는 주로 버스를 이용. 주말에는 주로 친구들과 함께 게임을 한다. 특히 스타크래프트를 자주 함. 그러나 아주 잘하는 편은 아님.

잠이 많아 평소 12시에 자고 7시에 일어나는데도 언제나 잠이 부족함. 수업 시간엔 졸지 않으려고 하는데 그게 잘 안 된다. 좋아하는 과목은 국어이다. 사실 좋아한다기보다 다른 과목에 비해 점수가 잘 나오는 편.

생라면 부숴 먹기 좋아함. 냉면도 좋아함. 어렸을 적 속초에서 갔었던 냉면집이 생각난다. 중학교 때 친구와 싸웠던 기억. 어렸을 적 3년 넘게 충남 부

　　1단계에서 최종 단계까지 거친 이 학생의 마지막 자기소개서를 다음 단계에서 살펴보자. 이 친구는 1시간 남짓 정말 많은 글을 써 내려 갔지만 정작 1단계에서 가져온 것은 '부여에서 살았다'라는 한 문장뿐이다. 그런데, 특별히 자기소개서에 쓸 것이 없었던 이 학생은 '부여'라는 키워드 하나만으로 지원 동기를 구체적이고도 훌륭하게 만들어 낼 수 있었다.

　　아무리 어렵고 힘들게 산 인생이라고 할지라도 누구에게나 빛나는 과거가 있기 마련이다. 하지만 우리는 스스로의 '빛나는 과거'를 쉽게 찾기 어렵다. '과거를 찾아내는 방법을 모르기 때문'이다. 그러나 학생이 쓴 자기소개서의 1단계는 학생만의 빛나는 과거를 꺼내 놓을 수 있는 좋은 소재였고, 그 빛나는 과거는 자기소개서를 만들 수 있는 유일한 방법이 되었다.

TIP_ 자기소개서 쓰기: 1단계

학생들이 1단계에서 가장 많이 궁금해하는 것은 '몇 시간 동안 써야 하는 가'이다. 몇 시간을 쓰면 좋은지에 대한 정답은 없다. 말 그대로 자유롭게 시작하면 된다.

그런데 자유롭게 1단계를 쓰느라 꼬박 하룻밤을 새웠다는 학생을 본 적이 있다. 자기소개서를 쓰는 재미로 밤을 새웠다니 좋은 현상이다. 그러나 그렇게까지 할 필요는 없다. 재미로 '자서전 쓰기'를 하는 것이라면 말리지는 않겠다. 물론 밤을 새운 학생에게는 이 시간이 유익했을 것이다.

만약 시간이 많지 않은 학생이라면 자기소개서를 작성하는 시간으로 약 두시간 정도를 추천한다. 펜을 들거나 컴퓨터 앞에 앉아서 생각하는 시간을 갖는 것까지 포함해서 말이다. 일단 막막한 감정을 그대로 간직하고 두 시간을 버텨 보라. 일단 두 시간이 지났다면 분량에 상관없이 2단계로 넘어가면 된다.

자기소개서 쓰기:

2단계

좋은 자기소개서에는

좋은 활동과 좋은 생각이 들어 있다.

만약 좋은 활동들을 잘 추려 냈다면,

좋은 자기소개서의 기초를 마련했다고

생각해도 과언이 아니다.

이번 단계는 수많은 꽃씨 중에서 좋은 꽃씨를 추리는 단계이다.

아름다운 꽃은 아름다운 씨앗에서부터 시작한다.

그러니 장미를 원한다면 우선 장미 씨앗을 찾아라.

답변이 될 만한
소재 정하기

앞에서 알려준 대로 1단계를 꼼꼼하게 수행했다면 이제 2단계로 넘어가자.

간단하게 말해 2단계는 '무엇을 쓸 것인가를 정하는 단계'이다. 즉 이번 단계는 1단계에서 구상한 것들을 분류·배치·조정·삭제하는 작업인데, 1단계에서 배웠던 것들을 너무 의식하지 않는 것이 좋다. 1단계에서 생각했던 내용을 2단계에서 쓰지 않을 수 있고, 어쩌면 1단계에서 배웠던 것을 쓸 수도 있기 때문이다.

여기에서 중요한 것은 분량을 생각하는 것보다 자유롭게 질문과 연결하는 것이다. 자, 이제 질문과 내용을 연결하는 방법에 대해 구체적으로 배워 보자.

✍ 2단계의 시작

① '내가 잘 드러나 있는가?' 확인하기

자기소개서 양식의 질문을 보면서 질문에 가장 적합한 사건과 사고, 경험 등을 추려낸 뒤 한번 확인해 보자. 아무리 내가 쓴 것이라고 해도 '내가 잘 드러났나?', '솔직하게 썼나?' 등을 생각해 봐야 한다. 만약 '내가 아닌 것 같다'라는 생각이 든다면 왜 그런 생각이 드는지 그 이유에 대해 고민해 봐야 한다.

예를 들어, 평소 '나'를 리더십이 강한 학생이라고 생각했다면 자기소개서 내용에서 소극적인 학생으로 그려진 것은 아닌지 읽어본 후 내 성격이나 특징에 맞는 내용들을 생각해 나열해 본다. 이때 중요한 것은 '자랑하기 위해서' 거짓으로 이야기를 만들거나 '대학에 합격하기 위해서' 억지로 꾸며서는 안 된다. '얼마나 솔직하게 나를 잘 드러낼 수 있는가'가 중요하다.

뿐만 아니라 자기소개서와 직접적인 관련이 없어도 1단계에서 추려둔 나만의 고유한 경험들은 반드시 표시해 두는 것이 좋다. 여행이나 모험, 독특한 사람과의 만남 등 일상에서는 쉽게 접할 수 없었던 내용들이 여기에 해당한다. 이 작업은 당장 자기소개서에 쓰기 어려울 수도 있지만, 일단 연결 고리를 만들면 이것은 훌륭한 소재가 될 수 있다. 또 구술면접에서도 좋은 답변 거리로 쓸 수 있다. 이때 '나'를 더 드러낼 수 있는 것들을 '추가'해야지 마음에 들지 않는다고 해서 '삭제'하지는 말자.

어쩌면 이미 답변이 될 만한 소재가 나왔는데도 다른 내용을 정리하지 않고 그대로 둔다는 것은 여러분이 대해 이해하기 어려운 일일 수도 있을 것이다.

그리고 빨리 글을 써서 자기소개서를 마무리하고 싶은 유혹도 생길 것이다. 그 유혹에 넘어가면 '좋은 자기소개서'와 '나쁜 자기소개서'가 만들어지는 중요한 갈림길 앞에 서게 될 것이다. 그 이유는 학생들이 쓰는 자기소개서는 천편일률적일 확률이 높기 때문이다. 남들과 다른, 특별한 일을 겪지 않는 한 자기소개서에 형식적인 답변만 쓰게 된다면 모두 같은 내용인, 이른바 '모범 답안'이 만들어질 수밖에 없다. 그러므로 '주어진 질문에 어떻게 답변할까?'를 고민하는 것보다는 '나만의 개성을 어떻게 답변과 연결할 수 있을까?'를 고민하는 것이 훨씬 바람직하다. 대학에서 원하는 자기소개서도 바로 학생 자신의 모습을 보려고 하는 것이지, 얼마나 답변을 충실하게 했느냐가 아니다.

1단계에서 김영수 학생이 자기와 관련된 기억을 떠올리며 자유롭게 쓴 자기소개서를 기억할 것이다.

이 학생의 초안을 보면 특이점이 없다. 그런데 이 학생에게는 3년 정도 부여에서 살았던 기억이 있다. 어쩌면 이것은 좋은 소재가 될지도 모른다. 그러나 부여에서 살았던 이야기는 성장 과정에서 잠깐 언급될 뿐 어떤 질문에도 답변이 되기 힘들다. 부여에서 살았던 것은 특별한 장점이 될 수도 없고, 부여에서 지냈던 것이 학생의 장래를 결정할 만큼 큰 계기가 되는 것도 아니다. 자연과의 조화 운운하며 품성에 관련된 이야기를 늘어놓을 수도 있겠지만, 이런 예도 진부하다. 하지만 학생은 부여에서 지냈던 이야기를 꼭 넣고 싶어 했다. 비록 짧은 시간이었지만 그곳에서 있었던 일들을 추억하는 것이 좋았고, 자주 떠올리곤 했던 유일한 기억들이기 때문이다. 그래서 학생은 비록 답변이 될 수 있는 것은 아니지만 그것을 지우지 않았다.

다음은 앞서 보았던 김영수 학생이 쓴 자기소개서 초안이다.

…… 생라면 부숴 먹기 좋아함. 냉면도 좋아함. 어렸을 적 속초에서 갔었던 냉면집이 생각난다. 중학교 때 친구와 싸웠던 기억, 어렸을 적 3년이 넘게 부여에서 살았다. 언론인이 꿈이지만 과연 할 수 있을까? 언론인의 꿈을 이루지 못한다면 중문학을 전공해서 중국과 무역도 해보고 싶다.

김영수 학생은 이 기억을 양식에 기재된 질문의 답변 사항으로 재구성했고, 모 대학 중문학과에 원서를 넣었다.

자신의 삶에 영향을 미친 가장 중요한 사건이나 경험을 설명하고, 그것이 자신의 가치관 혹은 인생관에 어떠한 영향을 주었는지를 기술하십시오.

저는 부여에서 유년 시절을 보냈기 때문에 역사책에서나 볼 수 있는 백제의 유물들을 직접 보면서 자랐습니다. 아버지는 가끔 그곳에서 역사와 관련된 이야기를 해 주셨습니다. 수딩팡(소정방)이 말을 미끼로 용을 낚았다는 조룡대나 삼천 궁녀가 몸을 던졌다는 낙화암, 낙화암 절벽 아래로 보이는 시퍼런 백마강의 모습을 보면서 책으로 역사를 배우기 전에 머릿속으로 역사를 미리 체험하는 시간을 가졌습니다. 특히 백제 유적에는 중국 문화에 대한 이미지가 많이 남아 있었고, 제가 중문학과에 지원하게 된 작은 계기가 되었습니다.

그리고 주변 환경은 자연과 쉽게 접할 수 있는 곳이어서 저의 인성에도 많은 영향을 미쳤던 것 같습니다. 여름이면 산에 올라 강아지와 즐거운 시간을 보내고, 자연의 아름다움과 넉넉함을 마음속에 담았습니다. 도시로 이사 온 지금에도 환경과 자연을 사랑하고 아끼는 마음을 지니고 있고 작은 것에 연연하지 않고 여유롭게 사고하는 방식도 자연에서 배운 생활 방식일 것입니다. 무엇보다도 자연은 정서적인 안정에 큰 도움이 되었습니다.

사실 김영수 학생은 이 질문에 대한 답변으로 어떤 특정한 사건만을 기억하려 애썼다. 그러나 그 과정에서 자기의 삶이 너무 평범해서 그 어떤 특징적인 사건을 찾아내기가 힘들다는 사실을 깨달았다. 물론 봉사활동 등 기록할 만한 것이 있었지만, 막상 써 놓고 보니 너무 작위적이었다. 그래서 2단계에 추려 놓았던 것들을 참고해서 새로운 연관성을 만들었다. 이처럼 자기소개서를 쓸 때 '답변'보다 먼저 '나를 어떻게 표현할까'를 생각하는 것이 중요하다.

② 3가지 요소(3H)를 기준으로 추리기

1단계 내용을 추린 후 그것이 나를 잘 드러냈는지, 나만의 독특함을 담고 있는지를 확인했으면, 이번에는 분류해 보자. 이때 자기소개서 양식은 보지 말고 1단계에서 구상한 내용을 다음 3가지 중 하나로 분류하자.

3H

☐ 나는 얼마나 우수한가?(high level)

☐ 나는 얼마나 열심히 노력했는가?(hard working)

☐ 나는 내가 지원하려는 전공과 어떻게 연결할 수 있는가?(hopeful future)

이 3가지 요소를 따로 적어서 분류해도 된다. 시간이 많이 걸리면 삼색 펜으로 표시해도 좋다.

사실 자기소개서 내용에 이 3가지 요소가 잘 들어 있으면 그것이 바로 최고의 자기소개서라고 할 수 있다. 대학에서 요구하는 자기소개서도 이 3가지 요소 외 다른 평가는 하지 않는다. 수시 원서를 접수할 때 요구하는 공통 양식의 질문, 그 대학만의 특수한 질문이나 요건, 혹은 자유롭게 적으라는 자기소개서도 이 3가지 요소가 들어 있으면 일단 합격권 안에 든 자기소개서가 된다.

그런데 이 3가지 요소가 언제나 정확히 나뉘는 것은 아니다. 우수성이라고 하더라도 단순히 타고났다거나 당연시 하는 것이 아니라 열심히 노력해서 우수하게 됐거나 또는 우수한 데다가 전공과 연결되기까지한 것일 수도 있다. 예를 들어 수학을 잘하는 것은 우수성을 보여 주는 동시에 공학 관련 분야에 지원할 때 전공과도 잘 연결할 수 있다. 3가지 요소를 나눈다고 고민하지 말고, 일단 한쪽을 선택해서 분배해 놓자. 전공 적합성이 빈약하면 그때 다시 우수성에서 가져와서 전공 적합성을 채울 수도 있다. 그러니 일단 크게 3가지로 분류하자.

이때 주의할 점은 너무 공식적인 것으로만 나누려 하지 말고 비공식적인 것을 나누는 것도 좋다. 거창한 것이 아니라 오히려 의외의 것이 자기소개서의 빛을 발하는 경우도 있다.

저는 2학년 1학기 학급 반장을 했습니다. 매년 반장을 맡았던 저는 '올해도 반장이 되겠구나' 생각했습니다. 그래서 문제없이 반을 이끌어 가면 된다고 생각했습니다. 그런데 한 학기가 끝날 무렵, 담임 선생님께서 친구가 곧 전학 간다는 소식을 전해주셨습니다. 우리는 그 친구가 이사하느라 전학 가는 줄 알고 대수롭지 않게 생각했습니다. 그런데 알고 보니 평소에 그 친구는 심각한 우울증을 앓고 있었고, 우리에게 피해 의식이 있었다고 했습니다.

그 친구는 워낙 말이 없었기 때문에 우리는 그 친구가 이렇게 심각한 상태인지 미처 알지 못했습니다. 그래서 저는 그 친구에게 우리와 함께 생활하는 동안 힘들었던 점에 대해 물어본 후 반 친구들에게 전학을 앞둔 친구가 겪었던 어려움을 전했습니다. 그런 후 친구들과 저는 그 친구를 위해 편지를 썼습니다. 그 친구가 힘들어 했던 것에 대한 사과, 그리고 우리들이 그 친구를 얼마나 사랑했는지를 적었습니다.

그 친구가 마지막으로 등교하던 날, 저는 반을 대표해서 친구들과 함께 쓴 편지를 읽었습니다. 그러자 그 친구는 울음을 터뜨렸습니다. 친구가 우는 모습을 본 다른 친구들도 함께 울었습니다. 비록 친구는 전학을 가지만, 우리에게 고맙고 미안하고 사랑한다는 말을 남기고 우리 곁을 떠났습니다. 저는 그때 반장은 권력을 행사하는 자리가 아니라 이렇게 구성원 하나하나가 함께 손을 잡게 하는 역할이어야 한다는 것을 깨달았습니다.

아래는 다른 학생이 쓴 자기소개서이다.

위 자기소개서를 보면 반장을 맡은 학생은 단순히 반장을 했다는 공식적인 사실보다는 개인적이고 사소한 일을 끄집어냈다. 반장을 했더라도 이러한 사소함은 그 학생만이 가지고 있는 경험이기 때문에 훨씬 더 설득력 있는 자기소개서의 소재가 된다. 무엇보다도 생활 기록부에서는 찾기 어려운, '진정한 리더십'을 깨달은 학생이라는 점도 함께 어필할 수 있다.

마지막으로 추상적인 항목들은 반드시 구체적인 실제 내용과 함께 적어 두는 것이 매우 좋다. 예를 들어 내가 '근면 성실한 사람'이라면, 그 옆에 '나는 3년 내내 반에서 가장 먼저 등교하는 학생이었다'라는 것을 적어 두는 것이 좋다. 이렇게 구체화하는 것은 매우 훌륭한 자기소개서를 만들 수 있는 밑거름이 된다.

나의 우수성	수학 경시대회에서 수상함. 3년 내내 반장. 국어 과목 성적은 항상 2등급 이내였음. 희생정신이 강함(쉬는 시간마다 항상 내가 칠판을 지웠음. 시험을 앞두고 내 공부를 하기도 바쁜데 친구들에게 필기한 노트를 빌려줘서 친구들의 성적 향상에 도움을 줌).
나의 성실성	꾸준히 성적이 올랐음. 한 학기에 걸쳐 '학생들이 소비하는 물품의 특징이 무엇인가'에 대한 연구 발표를 했음(설문 조사까지 하느라 매우 힘들었음).
전공 연계성 (경영학과)	어릴 때 저축왕이나 펀드 매니저가 꿈. 수학 경시대회에서 수상함. 학교 축제 기간에 여러 사과를 구입한 후 사과마다 브랜드를 다르게 붙여 팖. 수행 평가로 사회적 기업에 대해 조사함.

이렇게 3가지로 정리한 후 본격적으로 자기소개서 양식에 나와 있는 질문을 본다.

③ 사소한 것이라도 일단은 답안에 분류하기

어떤 학생은 3H 중 적을 만한 것이 없을 수도 있다. ○○외국어대학교 말레이·인도네시아어과에 지원하는 학생은 전공과 연결되는 경험이 없을 가능성이 크다. 이렇게 3가지 요소를 찾기 어려운 경우도 있는데, 이유는 '정말' 자기 삶이 이 3가지 요소에 해당되지 않기 때문이다. 평범한 학생에게는 3H가 준비되어 있을 리가 없다.

1단계에서 봤던 '나는 친구가 없다'는 학생의 이야기를 자기소개서로 쓴 것처럼, 아주 사소한 것이라도 좋으니 일단 3가지 요소를 찾아내자.

예를 들어 앞서 말한 말레이·인도네시아어과에 지원하는 학생은 말레이시아에 가 본 적이 없고, 이 나라에 대해서도 잘 모른다. 이러니 전공 적합성을 찾아내는 것은 불가능에 가깝다. 그래서 다른 요소를 강조하는 것도 훌륭한 방법이 될 수 있지만, 다른 학생보다 더 우수한 자기소개서를 쓸 생각이라면 전공 적합성을 보여 주는 것이 좋다.

이 학생이 말레이·인도네시아어과에 지원하는 이유는 환경 보호를 관리·감독하는 국제공무원이 되기 위해서이다. 특히 이 학생은 이 꿈을 이루기 위해 외국어 공부를 열심히 했다. 이럴 때는 어학에 재능이 있다는 것을 어필하면 된다.

독일 작가인 헤르만 헤세는 생전 인도네시아를 여행했다고 하니, 이 학생은 헤세의 책을 감명 깊게 읽은 경험을 이와 연결시켜 전공 적합성을 만들기로 결심했다.

제 꿈은 아시아 지역의 환경 보호를 관리·감독하는 국제공무원입니다. 저는 이 꿈을 이루기 위해서 누구보다도 외국어 공부를 열심히 했습니다. 그래서 영어 내신 성적은 항상 1등급을 유지했고, 평소 영어로 된 문학 작품과 고전을 많이 읽었습니다.

제가 읽었던 고전 중에서 《오래된 미래》 중 '라다크'에 대한 내용은 인류가 환경 문제를 바라볼 때, 단순히 환경을 개선하거나 고치는 것이 능사가 아니라 우리가 환경과 함께 해야 할 가치 또한 보존해야 한다는 것입니다.

저는 헤르만 헤세의 불교적 사상이 어디에서 시작되었는지 생각해본 적이 있었는데, 그가 인도네시아 여행을 통해 동양 사상에 대한 관심을 가졌다는 것을 알게 되었습니다. 그래서 저는 환경을 바라보는 시각 중에서 이런 동양적 사상이 근저에 자리 잡아야 한다고 생각합니다.

　인도네시아는 멸종 동물이 많이 살고 있는 나라 중 하나라고 알고 있습니다. 그런데 이곳에서 한국인들이 거북이를 남획한다는 이야기도 들었습니다. 만약 제가 말레이·인도네시아어과에 합격하면 광범위한 아시아 지역의 멸종 동물을 보호하기 위해 다양한 제도적 제안을 하겠습니다. 또 무엇보다도 이러한 인식의 개선을 위한 환경 보호 교육에 보다 많은 노력할 것입니다. (후략)

　사실 이 자기소개서는 급조한 느낌이 들고, 어느 정도 작위적인 면도 발견할 수 있다. 하지만 말레이·인도네시아어과에 지원하는 학생들의 자기소개서는 이보다 더 전공 적합성이 잘 드러나기는 힘들 것이다. 그래서 '성적 때문에 지원했다'라고 솔직하게 고백하는 자기소개서도 있다.

　식상한 자기소개서에 익숙한 교수가 나름 솔직하게 고백하는 자기소개서나 인도네시아와 말레이시아에 관심을 가지는 자기소개서에 호감 갖는 것은 당연한 일이다. 거기에 비전을 확실히 보여준 학생이라면 선발하려는 경향은 더욱 강할 것이다. 이렇게 특별히 쓸 내용이 없더라도 걱정하지 말고, 아주 사소한 것이라도 꺼내는 것이 조금 더 나은 자기소개서를 만드는 지름길이 될 수 있다.

✍ 질문에 따라 배분하기

자기소개서에 쓸 내용을 얼추 추렸으면 이제부터는 본격적으로 자기소개서의 질문 양식을 봐야 한다. 현재는 대부분의 대학이 한국대학교육협의회에서 제시하는 자기소개서 공통 양식을 따르고 있지만, 학교에 따라 조금씩 변형한 경우도 있다. 하지만 위의 3가지 요소 3H를 적절하게 배분하고, 잘 분류했다면 어떤 형태의 질문 양식이라도 상관없다. 그러니 아랫글을 보며 편하게, 천천히 질문에 따라 분류해 보자.

✓ 양식이 없을 때

학생들이 가장 막막하게 생각하는 양식은 '자유롭게 쓰기'이다. 자유롭게 쓰라고 하니 쉬워 보이지만, 왠지 자유롭게 썼다가는 이상한 자기소개서가 나올 것 같아 어떻게 쓰면 좋을까 고민한다. 그리고 고민하느라 오히려 더 많은 시간을 빼앗긴다. 그러나 2단계 시작을 잘 응용하면 좋은 자기소개서를 만들 수 있다.

일단 3H로 분류한 것 중에서 제일 강조하고 싶은 것을 먼저 정하고, 그것을 중심으로 뼈대와 순서를 잡으면 된다. 일반적인 구조는 나의 우수성 → 나의 성실성 → 지원 동기와 학업 계획으로 잡으면 된다. 이 순서대로 하지 않아도 되고, 이 요소들이 반복되어도 좋다. 3H가 꼭 들어가 한다는 점을 기억하고 순서를 정하면, 다음은 말 그대로 자유롭게 쓰면 된다.

아래는 2단계 분류를 토대로 '자유로운 자기소개서'를 작성한 학생의 예이다.

① 3H로 정렬

나의 우수성	상 받은 것. 발표 대회, 백일장, 성적우수상 등. 발표를 잘해서 선생님들께 칭찬받음. 리더십이 뛰어나 3년 내내 반장을 맡음. 조별 발표 때에도 항상 조장을 맡고, 구성원의 참여를 잘 유도함.
나의 성실성	뭔가에 집중하면 밤을 새워서라도 완성하는 것. 조별 발표를 준비할 때, 조원들과 토론한 후 그것에 대해 의견을 수렴하고 정리함. 꾸준히 성적이 오름. 국사는 연표를 외우며 공부했음.

전공 연계성	원래는 사회과학 분야에 관심이 많아 그쪽에 관련된 활동을 중심으로 기재했음.
	   ㄴ 최근 경제에 관심이 생겨 경제학과에 지원하고 싶은데 이쪽 분야에는 활동 내역이나 경험이 없음.
	통일과 관련한 토론이나 수상 등의 활동이 기재되어 있음.
	경제학과에 가고 싶지만, 여전히 사회과학 분야에 더 흥미를 느낌.
	   ㄴ 경제 - 통일 - 사회과학 이렇게 연결하면 비전을 보여줄 수 있을 것 같다.

(기타) 나를 잘 드러낼 수 있는 것	친구들과 잘 어울려 지냄. ㄴ 친구들이 하기 싫어하는 것도 하게 만드는 놀라운(?) 재주가 있음.

② 순서 정하기

1) 통일과 관련된 우수성을 간단하게 언급하자.

2) 그 우수성을 이루기 위한 과정을 상세하게 적어 보자. 특히 주제에 맞게 통일에 관한 내용 위주로 적어 보자. 여기에 나의 우수성과 성실성을 넣자.

3) 이후 학업 계획과 장래 희망을 적어 보자.

● 완성 예시

지원 동기와 학업 계획을 중심으로 자기소개서를 자유롭게 작성해 보시오.

제 꿈은 통일 이후 경제 정책을 결정하는 정책 전문가가 되는 것입니다. 저는 한민족의 통일에 대해 관심이 많아 교내 통일 글짓기 대회에서 대상, 교내 발표 대회에서 '남북한 경제 비교'로 대상을 받은 적이 있습니다.

제가 통일에 관심을 가지게 된 계기는 크리스타 볼프가 쓴 《나누어진 하늘》을 읽은 후, 우리와 독일은 '분단국가'라는 점에서 정서가 비슷하면서도 분단이라는 상처를 바라보는 시각이 많이 다르다는 것을 느꼈습니다. 독일 역시 같은 민족의 분단을 겪었지만, 민족보다는 '개인 간의 유대 관계의 단절'로 보고, 우리나라는 '가족의 해체'에 더 큰 방점을 찍는 듯해서 우리나라의 분단이 민족적 상처를 더 강조하는 느낌이었습니다.

저는 문학 수업 시간에 윤흥길의 《장마》와 《나누어진 하늘》을 비교해서 다른 정서에 대해 리포트를 작성해 보았습니다. 그런데 이보다 구체적으로 분단의 고통을 실감하게 된 것은 사회문화 시간에 주어진 조별 발표였습니다. 발표를 맡은 저는 친구들에게 '분단'에 대해 발표하자고 제안했습니다. 그런데 우리 조 친구들은 통일에 관심이 없었고, 토론 주제에 대해서도 안건이 없어 결국 제가 제안한 것으로 발표하자고 했습니다.

회의 시간에 친구 중 한 명이 우리를 포함한 젊은 세대는 통일에 대해 관심이 없으니, 남북통일 찬반 여부로 세대 간의 갈등을 보여 주자는 의견이 나왔습니다. 조원 6명 중 2명은 통일에 반대했고, 2명은 조별 발표에 관심이 없어서 진행하기가 어려웠습니다. 그래서 저는 일단 통일에 반대하는 친구들에게 설문 조사를 하자고 했습니다. 하나는 통일을 반대하는 친구들이 제안한 '통일에 대한 학생들의 인식은 어떠한가?'이고, 다른 하나는 '통일이 되면 통일과 관련된 어떤 사업을 할 것인가?'라는 질문이었습니다.

저는 저와 반대 입장인 두 친구의 설문 조사에도 적극적으로 참여했습니다. 점심시간에 끼니를 거르고 친구들에게 설문 조사를 요청했으며, 밤을 새워 조사 결과를 정리했습니다.

설문 조사 결과를 보니, 많은 친구들이 통일을 원하지 않았습니다. 그런데 '통일이 되면 어떤 사업을 할 것인가?'에 대해서는 통일을 반대하던 두 친구도 놀랄 만한 결과가 나타났습니다. 왜냐하면, 많은 대답이 '북한의 저렴한 땅을 이용해서 부동산 투기를 하겠다', '북한의 값싼 노동력을 활용해 제조업을 하겠다' 등이어서 북한에 대한 인식이 좋지 않다는 것을 알 수 있었기 때문입니다. 그래서 통일을 반대하는 친구들은 다른 친구들은 '통일에 대해 어떻게 생각하는지'에 대한 생각을 공유할 수 있었습니다.

조별 발표에 관심 없던 친구들은 평소 사회과학 분야보다 인문학에 더 관심이 많았습니다. 그중에서도 특히 콘텐츠 창작에 관심이 많았습니다. 그래서 설문 조사에도 동참하지 않고, 그저 우리가 하는 것을 콧방귀 뀌듯 바라 보았습니다. 저는 이 친구들을 집으로 초대해서 '사랑의 불시착'이라는 드라마를 보았습니다.

이 드라마는 사고로 북한에 불시착한 남한 재벌 상속녀와 그녀를 보살펴 주다 사랑에 빠지는 북한 장교의 러브스토리에 관한 내용이었습니다. 러브스토리야 흔하고 뻔한 소재이지만, 이 드라마는 남한 사람과 북한 사람이 신분과 장소를 뛰어넘어 순수하게 사랑에 빠지는 과정을 그린 신선한 드라마였습니다.

저는 친구들과 드라마를 보면서 통일이 되었을 때 일어날 수 있는 일을 스토리로 만들어 보자고 제안했습니다. 친구들은 재미있을 것 같다며, 설문 조사의 결과를 토대로 함께 스토리를 만들어 보자고 했습니다. 그래서 그날 저녁을 먹고 밤새 스토리보드를 짰습니다.

저는 친구들이 만든 재미있고 훌륭한 스토리보드에 경제적 수치를 덧입혔습니다. 예를 들어, 남쪽의 여자와 북쪽의 남자가 결혼할 때, 양쪽 부모님이 겪는 경제적 이질감을 수치화했습니다. 남쪽의 부모님은 북쪽의 가정이 너무 가난하다고 하고, 북쪽의 부모님은 남쪽의 가정이 너무 비도덕적이라고 반대를 하는데, 실제 그 경제적 격차가 40배 이상 나므로 현실적으로 결혼하기 힘든 모습을 설명했습니다.

저는 발표를 맡은 조장으로서 설문 조사 결과를 토대로 스토리보드를 만든 후 발표했습니다. 발표 순서로는 먼저 스토리보드를 작성한 친구가 이야기를 하면, 그다음 설문 조사를 한 친구들이 현재 우리의 통일에 대한 인식이 실제 통일에 어떤 걸림돌이 되는지를 설명하고, 제가 덧붙여 그런 현상이 나타날 수밖에 없는 사회 경제적 상황을 설명하는 방식이었습니다.

이 발표는 아주 성공적으로 끝났습니다. 반 친구들은 우리 조의 발표 결과를 집중해서 들었고, 발표가 끝난 뒤에 친구들은 저에게 질문을 했습니다. 특히 사회문화 선생님은 너무 훌륭한 조사였다고 칭찬해 주시며, 제가 정리한 내용으로 교내 발표 대회에 참가하면 어떻겠냐는 제안을 하셨습니다. 이미 정리를 마친 내용이기에 어렵지 않게 발표 대회에 참가할 수 있었고, 그 결과 대상을 받을 수 있었습니다.

제가 대학생이 되어 가장 먼저 공부하고 싶은 분야는 '경제 지표와 사회 상관성'입니다. 경제적 상황이 좋아지면 그에 따른 사회 구조가 어떻게 바뀌는지, 그리고 경제 정책이 어떻게 사회를 변화시키는지 알아보고 싶습니다. 또 독일 여행을 해 보고 싶습니다. 특히 여행자들이 서독에 비해 잘 가지 않는 동독 지역을 둘러보고, 통일 이후의 변화를 체험해 보고 싶습니다.

제 꿈은 앞에서도 말씀드렸듯 통일 분야의 정책 전문가가 되는 것입니다. 그래서 통일 이전에 우리가 준비해야 할 정책과 통일 이후 마련해야 할 정책들을 나누어 정리해 보고 싶습니다.

대부분의 학생들이 통일을 바라지 않는 이유는 '통일에 대한 두려움' 때문일 것입니다. 비단 제 또래만의 이야기가 아니라 많은 사람들이 통일되었을 때보다 지금의 분단 상태가 우리에게 더 낫다는 생각을 가지고 있습니다. 많은 이들이 우려하는 것처럼 통일이 되면 지역감정, 노동력 착취, 부동산 문제 등이 벌어질 수 있어 이 부분은 우리가 우선적으로 해결해야 할 과제가 될 것입니다. 그런데 이러한 문제를 해결할 준비가 되어 있고, 그것이 민족 전체의 번영이자, 개개인에게도 도움이 된다면 누구도 통일을 마다하지 않을 것입니다. 저는 통일로 향한 그 긴 여정에 밑바탕이 되고 싶습니다.

③ 검토하기

☐ 나의 우수성이 들어갔나?

☐ 통일과 관련된 상이 포함됨

☐ 조별 발표할 때 보여 주었던 리더십

☐ 스토리보드를 만들 때의 창의성

☐ 나의 성실성이 들어갔나?

☐ 설문 조사 참여하고 밤샌 것

☐ 조별 발표 내용을 다 정리한 것

□ 나의 전공 적합성이 들어갔나?

□ 상 받은 것, 발표 과정, 학업 계획, 장래 희망 등 전반에 걸쳐서 드러남

✅ 정해진 양식이 있을 때

① 공통 양식

정해진 양식이 있으면, 각 문항을 보면서 그 문항에 맞게 배분하는 것이 중요하다. 아래는 현재 대입 자기소개서 공통 양식이다.

> **1. 고등학교 재학 기간 중 학업에 기울인 노력과 학습 경험에 대해, 배우고 느낀 점을 중심으로 기술해 주시기 바랍니다.(1,000자 이내)**

> **2. 고등학교 재학 기간 중 본인이 의미를 두고 노력했던 교내 활동을 배우고 느낀 점을 중심으로 3개 이내로 기술해 주시기 바랍니다. 단, 교외 활동 중 학교장의 허락을 받고 참여한 활동은 포함됩니다.(1,500자 이내)**

> **3. 학교생활 중 배려, 나눔, 협력, 갈등 관리 등을 실천한 사례를 들고 그 과정을 통해 배우고 느낀 점을 구체적으로 기술해 주시기 바랍니다.(1,000자 이내)**

이 양식을 처음 접하는 학생들 중에는 어떤 내용으로 채울지 고민하지 않고 술술 작성하는 학생도 있고, 각 항목을 어떻게 채워야 할지 갈피를 잡지 못하는 학생도 있다.

이 공통 양식의 질문을 그대로 해석하면 1번은 학업, 2번은 활동, 3번

은 인성 영역이다. 여기에 전공 적합성이 빠져 있기 때문에 대부분 학교에서 4번 문항을 추가해 전공 적합성을 넣기도 한다.

그런데 우리는 이미 1단계를 거쳤으므로 두 가지를 '동시에' 생각할 수 있다. 쉽게 말해 1번에서 학업에 관련된 것을 쓰는데, 여기서 '나의 우수성을 보일까?', '나의 근면성을 보일까?' 또는 '나의 전공 적합성을 보일까?' 등 3H의 요소를 함께 생각해 볼 수 있다.

이렇게 질문들에 대해 3H 중 하나를 선정했다면, 그 요소 또한 적절한 배분이 필요하다. 1번과 2번, 3번 모두 우수성으로 채웠다면, 학교생활을 잘했다는 성실성을 보여줄 필요가 있다. 또 각 질문에 우수성과 근면성이 잘 드러나 있다고 해도 전공 적합성이 부족하면 이 부분을 추가하는 것이 좋다. 특히 S대학교 자기소개서처럼 4번 항목이 전공 적합성과는 관련 없는 '독서'라고 하면, 가급적 1, 2, 3번 항목에 전공 적합성을 잘 맞추는 것이 좋다.

다음 예시를 보자. 실제 학생이 2단계 작업을 한 내용을 살펴보면, 자기소개서를 완성하는 과정을 보다 쉽게 이해할 수 있다.

1. 고등학교 재학 기간 중 학업에 기울인 노력과 학습 경험에 대해, 배우고 느낀 점을 중심으로 기술해 주시기 바랍니다.(1,000자 이내)

▶ **S대학교 농경제사회학부에 지원하는 학생의 자기소개서 1번:**

프랑스로 가족 여행을 갔던 기억이 납니다. 저는 끝없이 펼쳐진 포도밭을 보면서 '프랑스 사람들은 포도를 좋아하는구나'라고 생각했는데, 부모님은 "저 포도로 와인을 만든다"고 하셨습니다. 또 우리가 보고 있는 저 포도밭에서 수확한 포도로 뛰어난 향을 자랑하며 이름 있는 수백 수천 가지의 상품을 만들 수 있다는 설명도 덧붙이셨습니다.

저는 고등학생이 된 후 《우리는 시골 농부를 스타로 만든다》라는 책을 읽으면서 농업의 가치 차이는 '농수산물 브랜드화의 유무'에 있음을 깨달았습니다. 프랑스를 비롯한 농업 강국에선 자국의 농수산물에 고유의 스토리를 입혀 가치를 창출하고, 소비자들은 그 가치에 비싼 값을 지불한다고 합니다. 저는 우리나라에서도 '농수산물 브랜드화'를 적용해야 한다고 생각했고, 그 현실 가능성을 검토하기 위해 연구했습니다. 그래서 학교 축제 때 '사과 브랜드 만들어 팔기'를 기획했습니다. 첫 번째 사과는 그냥 '사과'라고 했고, 두 번째 사과는 '우리나라 사과 재배의 최적 조건인 일조량과 강수량으로 탄생한 대구 사과'라고 붙였습니다. 세 번째 사과에는 '이 사과를 사면 말라리아로 죽어 가는 아프리카의 한 어린이의 생명을 구할 수 있습니다'라고 스토리를 만들었습니다. 그러자 두 번째와 세 번째 사과 모두 다 팔 수 있었습니다.

학교에서 '생산과 소비'에 대한 내용을 배웠는데, 특히 '베블렌 효과'처럼 소비에는 단순히 가격만 결정 요소가 중요한 것이 아니라 소비자의 심리도 큰 결정 요소라는 것을 알게 되었습니다. 저는 수업 시간에 다양한 소비 결정 요소를 생각하고 이를 정리한 후 발표하는 시간을 가졌습니다. 선생님께서는 '고등학생으로서 경제를 이해하기 위한 좋은 시도'라는 평가를 해 주셨습니다. (후략)

▶ K대학교 생명과학부에 지원하는 학생의 자기소개서 1번 :

저는 1학년 때 다른 학생들보다 화학 과목 성적이 우수했지만, 생명과학 분야에는 관심이 적어 좋은 성적을 받지 못했습니다. 그래서 내신 성적을 올리기 전, 생명과학 과목에 취미를 붙일 목적으로 생명과학을 다룬 책을 읽었습니다. 그때 읽었던 책 중에는 레이철 카슨이 쓴 《침묵의 봄》이 있습니다. 이 책을 통해 인류를 위해 개발한 DDT라는 살충제가 심각하게 생태계를 파괴한다는 사실을 알게 되었습니다.

평소 화학 과목에 관심이 많았던 저는, DDT 자체가 인류에게는 크게 기여했지만, 생태계 전체에는 종말에 가까운 해를 끼치게 되었다는 점이 흥미로웠습니다. 그래서 저는 인류의 노력도 중요하지만 다른 생물에 대한 이해와 함께 다양한 종에 대한 탐구도 병행되어야 한다는 사실을 깨달았습니다.

처음에는 성적을 올리려고 독서를 했는데, 책을 통해 흥미로운 점을 배우게 되자 교과서는 물론이고 이를 응용한 문제들을 푸는 것도 재미있었습니다. 그래서 1년 동안 내신 성적을 올리면서도 틈틈이 세포나 미생물과 관련 있는 다양한 독서를 했습니다. 이렇게 지식이 쌓이자, 2학년이 되어서는 생명과학 과목에서 최상위 성적을 받을 수 있었습니다.

뿐만 아니라 바이러스는 항상 해로운 것이 아닌, 때로는 인류에게 유익하고, 생태계 전체에도 크게 기여할 수도 있음을 알게 되었습니다. 특히 바이러스에 대한 무지가 인류로 하여금 얼마나 비합리적인 결정들을 하게 했는가에 대한 내용들도 재미있었습니다. 손을 잘 씻지 않아 콜레라를 유발한 어느 가정부를 살인범으로 생각하고 평생 정신 병원에 감금했던 이야기를 들으면서 바이러스에 대해서 더 알면 알게 될수록 지구의 미래는 더 나은 방향으로 나아갈 수 있게 된다는 것도 알 수 있었습니다.

저는 생명과학 시간에 몇 년 전 우리나라에서 수많은 사상자를 낳은 메르스 사태에 대한 보고서를 제출했습니다. 당시 메르스 감염 경로와 아랍 지역의 풍토병이었던 메르스가 어떻게 우리나라에 전파되었는지가 보고서의 주요 내용이었습니다. (후략)

두 학생이 쓴 자기소개서를 비교해 보자. 일단 S대학교에 지원하는 학생은 농경제에 대한 전공 적합성을 강조하고, K대학교에 지원하는 학생은 독서와 학업에 대한 내용이 더 많은 부분을 차지하고 있다. 만약 이것이 자기소개서가 아니라 질문에 답변하는 시험이었다면, 아마도 K대학교에 지원하는 학생의 글이 정답에 근접하기 때문에 더 좋은 점수를 받을 수 있을 것이다. 그런데 당시 K대학교의 자기소개서 양식 4번에 전공 적합성을 드러낼 수 있는 질문 항목이 있었다 (K대학교 4번 항목: 해당 모집 단위 지원 동기를 포함하여 K대학교가 지원자를 뽑아 줘야 할 이유를 기술해 주시기 바랍니다). 때문에 이 학생은 전공 적합성보다는 '내가 열심히 공부해서 그 과목 성적을 올렸다'라는 것을 강조하는 것이 더 낫겠다는 전략으로 학업과 독서에 대한 내용에 비중을 더 두었다.

반면 S대학교에 지원하는 학생은 자기소개서 질문 4번이 독서에 관련된 것이기 때문에 (S대학교 4번 항목: 고등학교 재학 기간 읽었던 책 중 자신에게 가장 영향을 주었던 책을 3권 이내로 선정하고 그 이유를 기술하여 주십시오) 전공 적합성을 드러낼 수 있는 부분이 다른 학생보다 상대적으로 적어

취약할 수 있다고 생각했다. 물론 2번 항목에서(활동에 대한 질문) 전공 적합성을 드러내도 된다. 그러나 그것보다 자신의 성실성을 드러낼 더 좋은 소재가 있었기 때문에, 1번에서 전공 적합성을 더 드러내기로 한 것이다.

이렇게 같은 질문이라도 어디에서 3H를 어떻게 드러낼 것인가를 고민하느냐에 따라 그 질문에 대한 답변 방향이 완전히 달라질 수 있다.

아래는 대학이 요구하는 질문을 읽고 어떤 것을 고르고 무엇을 써야 할지 전혀 감을 잡지 못하는 학생을 위해, 도움 주는 일종의 가이드이다. 가장 중요한 것은 3H, 즉 '우수성, 성실성, 전공 적합성'이다. 이것이 반드시 들어가 있어야 한다는 것을 명심하자.

> **고등학교 재학 기간 중 학업에 기울인 노력과 학습 경험에 대해, 배우고 느낀 점을 중심으로 기술해 주시기 바랍니다.**

이 부분은 학업에 관련된 것을 적는 것이 좋다. 일단 생각해야 하는 것을 정리해 보면 다음과 같다.

1. 가장 성적이 좋았던 과목

2. 가장 성적이 향상된 과목

3. 전공과 밀접한 과목

4. 독특한 공부 방법으로 성과를
   이루었던 과목

만약 다른 항목에서 전공 적합성을 드러내기 힘든 자기소개서 양식이라면 이 항목에서 전공 적합성을 드러내는 것이 좋다. 이때 '학업'은 단순히 공부만 아니라 학생의 탐구 활동, 친구들과의 연구 활동, 독서 활동도 포함할 수 있으므로 성적만으로 채우기 힘들면 활동 범위를 넓히는 것도 좋다.

고등학교 재학 기간 중 본인이 의미를 두고 노력했던 교내 활동을 배우고 느낀 점을 중심으로 3개 이내로 기술해 주시기 바랍니다. 단, 교외 활동 중 학교장의 허락을 받고 참여한 활동은 포함됩니다.

이 항목이야말로 고등학교 시절을 대표할 만한 활동을 적는 것이 좋다. 특히 '나만의 독창적인 아이디어'나 '내가 남들보다 우수한 활동'을 적는 것이 좋다. 다시 말해 여럿이서 이룬 성과는 3번째 항목이 더 적합하므로, 여기서는 '내가 중심이 되었던 내용'을 서술하는 것이 좋다.

1. 가장 뛰어난 성과를 이루었던 것 (수상)
2. 가장 많이 노력했던 것
3. 가장 독창적인 아이디어를 냈던 것
4. 남과 다른 방법을 사용했던 것

즉, 위에 정리한 것들을 떠올리면 쉽게 설정할 수 있다.

학교생활 중 배려, 나눔, 협력, 갈등 관리 등을 실천한 사례를 들고 그 과정을 통해 배우고 느낀 점을 구체적으로 기술해 주시기 바랍니다.

이 항목은 학생의 인성 혹은 사회성을 보려는 것이다. 그러니까 이 항목에서는 사회성이 뛰어나다는 것을 보여 주는 것이 바람직하다.

사회성은 '우수성'과 다르다. 학생들은 우수성을 드러내기 위해 화려한 이력을 나열하곤 하는데, 그럴 필요가 없다. 예를 들어 쉬는 시간에 다른 친구들은 귀찮아서 하지 않았던 칠판 지우는 일을 1년 동안 도맡아 했다면 그것도 좋은 답변이 될 수 있다. 그러니 꾸준한 봉사 활동 ☞ 헌 신적이었던 내용 ☞ 다른 친구와 함께 이루었던 성과 ☞ 가장 정신적 성장이 많았던 것 순으로 생각해 보자. 정 생각이 나지 않으면 봉사 ☞ 축제 ☞ 동아리 순으로 소재를 찾아보자.

② 기타 양식

이 부분은 4번 항목이 다른 학교의 경우인데, 여기에 맞는 소재를 찾 지 못했다면 아래 가이드를 참조하자. 그러면 작성할 만한 소재를 조금 더 쉽게 찾을 수 있을 것이다.

• 독서와 관련된 질문

가장 감명 깊게 읽었던 책, 혹은 전공과 관련된 것, 가치관을 세우는 데 도움이 되었던 것을 적는다. 만약 여기에 해당하는 것이 없으면 재미 있게 읽었던 책을 써도 무방하다. 자기소개서에 독서 경험을 적으라고 하는 학교의 의도는 학생의 지적 수준이 궁금하고, 학생이 독서를 통해 어떤 시각을 가지게 되었는가 보려고 하는 것이다. 그러므로 지나치게 전공 적합성을 강조하면 역효과가 날 수 있다. 이 부분을 어떻게 작성해 야 하는지는 3단계에서 보다 자세하게 다룰 것이다.

• 전공과 관련된 노력

전공과 관련된 활동이 많으면 그중에서 몇 가지는 나열해도 된다. 이때 주의할 점은 나열하는 것으로 끝내서는 안 된다. 가급적 나의 우수성이 잘 드러나는 한 가지를 고르고 그것에 집중해서 자세하게 쓰는 것이 좋다. 그래서 전공에 대한 지식을 나열하기보다는 전공과 관련된 활동을 최우선으로 하는 것이 좋다. 또 학업이나 독서도 좋은 소재로 쓸 수 있다. 가급적이면 학업과 독서도 앉아서 이룬 결과보다는 실제 움직이며 직접 활동한 것을 중심으로 선택하는 것이 바람직하다. 예를 들어 '어떤 책을 읽었다'라고 쓰는 것보다는 '어떤 책을 읽고 이렇게 발표했다'라고 쓸 수 있는 소재가 더 낫다. 쓰는 방법도 3단계에서 언급하겠다.

• 성장 배경(역경, 가정, 취미 등을 물어보는 항목)

이 소재는 내 주위 환경을 알아보려는 것이 아니다. 다만, 환경을 통해서 어떤 생각, 어떤 가치관, 어떤 성장을 하게 되었는가를 알고 싶어 하는 것이다. 따라서 1. 어떤 사건을 계기로 이렇게 뛰어난 사람(생각, 행동 등)이 될 수 있었는가? 2. 부모님의 어떤 뛰어난 면이 있어서 그것을 물려받아 자신이 훌륭하게 될 수 있었는가? 3. 정서적 성숙을 가져온 취미는 무엇인가를 생각하고 그에 맞는 소재를 찾는 것이 좋다.

지금까지 언급한 것을 토대로 소재를 선택하면, 아무리 글 쓸 소재가 없는 학생이라도 무엇인가 쓸 만한 것이 떠오르기 마련이다. 그러니 이제부터 본격적으로 글을 써 보자.

결정하기

① 우선순위 정하기

질문에 대한 답변을 작성할 때 핵심 요소가 무엇인지를 알고 있고, 3H가 다 포함되어 있어도 선뜻 글을 쓰기가 어렵게 느껴질 때가 있다. 때로는 글의 소재가 없어 무엇을 써야 할지 고민할 수도 있고, 오히려 소재가 많아 어떤 것을 고를지 고민할 때도 있다. 만약 무게감이 비슷한 소재 중에서 어떤 선택을 해야 할까 고민된다면 다음 원칙에 대입해 보고 결정하는 것이 좋다.

우수성 > 성실성 > 전공 적합성

학생들이 생각할 때 고등학교 생활을 성실히 이수하고 전공 적합성이 뛰어난 학생 위주로 대학에서 선발할 것 같지만, 대학의 궁극적인 선발 기준은 '우수한 인재' 여부다. 따라서 자기소개서를 쓸 때 우수성이 드러나게 쓰는 것을 우선으로 하는 것이 좋다.

액션 > 느낀 것 > 알게 된 것

봉사 활동을 적는 것도 가급적 몸으로 직접 경험한 것이 좋다. 예를 들어 번역 봉사 활동과 요양원 봉사 활동 중에서 한 가지를 선택해야 한다면, 더 적극적인 활동으로 보이는 요양원 봉사 활동을 선택하는 것이 좋다. 그 이유는 봉사 활동을 하기 위해 기관을 검색하고, 교통편을 알아보거나, 연락하고, 기관에 방문한 후 몸을 쓰는 번거로운 과정을 거치는 것만 해도 그 학생이 봉사 활동을 적극적으로 하려 했다는 의지가 내포되어 있기 때문이다.

연구 활동도 마찬가지이다. 단순히 책을 읽고 발표한 것보다 어떤 주제에 대한 결과를 알아내기 위해 설문 조사를 하고 학생들을 모집하는 과정이 있으면 훨씬 더 학생의 적극성이 드러난다. 여기서 주의할 것은, '이왕이면' 몸소 경험한 일이 들어가는 것이 좋다는 것이지, 반드시 어려운 활동을 경험해야 하는 것은 아니다. 번역 봉사 활동도 어려웠던 점, 느낀 점을 생생하게 살려낸다면 직접 몸으로 뛴 봉사 활동보다 더 훌륭하게 쓸 수 있다.

조금 덜 살아 있는 3H

소재를 선택할 때 계속 강조하는 것이 바로 3H의 유무이다. 그리고 어떤 소재를 선택할까 고민을 할 때 제일 먼저 고민해야 하는 부분도 바로 3H이다. 그런데 이런 점을 고려해서 자기소개서의 처음과 끝 모두 우수성으로 차 있다면, 이때는 더 이상 우수성을 기준으로 생각하지 않아도 된다. 이때는 우수성보다 전공 적합성이나 성실성을 더 우선으로 하는 것이 좋겠다. 즉 3H의 균형을 맞추는 것이 좋다.

② 진부한 소재가 아닌지 점검하기

아무리 잘 쓴 자기소개서라고 할지라도 소재가 진부하면 그 자기소개서를 읽는 사람은 특별한 자기소개서라고 생각할 수 없다. 예를 들어 S대학교 지역 균형 선발 전형에 지원하는 학생이 '성적'을 소재로 삼으면, 매우 진부한 자기소개서가 될 수밖에 없고, 이 학생의 우수성은 살아나기 어렵다. 그러니 처음부터 소재 선택을 신중하게 해야 한다.

■ '열심히 공부한' 성적 이야기는 매우 진부하다.

나만의 특별한 공부 방법이나 매우 성실하게 공부했다고 할 만한 에피소드가 없으면 다른 소재로 바꾸자.

■ 공학 계열에 지원하는 학생은 '어려서부터 만들기를 좋아한 경우'가 매우 많다.

수식어보다는 고등학교 재학 중에 창의적인 것을 만들어서 상을 받았거나, 선생님들께 인정받은 경험을 넣는 것이 좋다.

■ 교대에 지원하는 학생이 '교육 멘토링'한 예는 진부하다.

자기만의 학습법, 피학습자의 획기적인 태도 변화 등이 없으면 다른 소재로 바꾸자.

■ 의사를 꿈꾸는 학생이 가족의 죽음을 끌어들이면 가장 전형적이면서 진부한 자기소개서가 만들어질 것이다.

☞ 친척을 죽음으로 내몬 병에 대해 말하려면 자기만의 적극적인 탐구와 노력한 흔적을 넣는 것이 좋다.

③ 욕심내는 것은 아닌지 점검하기

위에서 말한 '진부한 소재'도 지나치게 욕심을 부리다 보니 어색하게 끼워 맞춘 경우이다. 실제로 글에서도 욕심이 드러나는데, 그것은 역효과가 날 수 있다. 물리학과를 지원하는 학생에게 대학에서 요구하는 것은 고등학생으로서 성실하게 공부하고, 전공에 대한 비전을 가지고 있느냐는 것이지, 물리학자를 선발하려는 것이 아니다. 그러니 지나치게 전공 적합성과 연결하거나 억지로 끼워 넣어 어색하지 않도록 조심해야 한다.

> 저는 고등학교 1학년 물리 시간에 '하이젠베르크의 불확정성 원리'에 대해 배웠습니다. 저는 이 원리를 더 알아보기 위해 하이젠베르크의 전기를 읽고, 확률의 세계에 대한 새로운 가능성을 보았습니다. 그런데 확률의 세계관에 반대한 학자들에 대해 알아보던 중, 아인슈타인이 '신이 주사위 놀음을 할 리가 없다'고 말했다는 것을 알게 되었습니다. 저는 이러한 충돌을 발표하기 위해
> … (후략)

위 자기소개서를 쓴 학생의 가장 큰 문제는 전공 적합성을 강조하려다 보니 소재들을 억지로 붙인 것이다. 이 학생은 불확정성의 원리를 학교에서 배워 '그것을 알아보기 위해' 전기를 사서 읽은 것이 아닌, 평범하게 독서를 한 것뿐이다. 그러나 지나친 '탐구 정신'으로 무장하다 보니 학생은 이미 물리학에 빠진 학자가 되어 버렸다. 이렇게 되면 과장 때문에 낮은 평가를 받을 확률이 높다.

■ 전공을 드러내기 위한 욕심은 금물

'누구보다도 미적분을 열심히 공부한 것은 훗날 경제학을 연구할 때 유용한 토대가 될 것 같기 때문입니다'라고 쓰면 전공과 아주 밀접해 보이지만, 평가자는 '내가 판단해야 할 영역을 왜 이 학생이 판단하지?'라고 의아하게 생각할 것이다.

■ 3H를 드러내는 것은 학생의 '행위'

자기소개서를 쓸 때 거만하게 쓴 문장은 없는지 확인 하자. 예를 들어 '이를 통해 저의 우수성이 입증되었습니다'라고 하면, 우수한 학생으로 보는 것이 아니라 자기도취에 빠진 학생으로 볼 것이다.

④ 설정한 것을 타인에게 검증받기

양식에 맞게 답변을 배분했으면 이제 편하게 자기소개서를 쓰면 된다. 이때 자기소개서를 쓰는 시간은 많이 들지 않지만, 작성한 자기소개서를 고치는 시간이 더 많이 든다. 왜냐하면 자기가 설정한 기존의 소재는 나름 완결성을 가지고 있어도 새로 떠오른 소재들은 순간적인 아이디어이기 때문에 완결성이 떨어질 수밖에 없기 때문이다.

그리고 글을 고치는 일은 결코 쉬운 작업이 아니다. 그래서 직접 글을 쓰는 3단계에 들어가기 전에 완벽하게 정리하고 글을 쓰는 것이 시간을 절약하는 방법이 된다.

검증하는 방법은 간단하다. 대부분의 학생들은 자기소개서를 완벽하게 완성한 후 보여 주려고 하지, 결정한 소재에 대해서는 다른 사람에게 검증받는 과정을 건너뛰려고 한다.

그런데 다른 사람을 설득할 자신이 없으면 다른 소재를 택하는 것이 낫다. 왜냐하면 학생의 자기소개서를 읽는 사람은 검증을 거칠 사람보다 나에 대해 아는 것이 없는 입학 담당자이기 때문이다.

TIP_ 자기소개서 쓰기: 2단계

2단계에서 3H라는 처음 보는 용어가 등장해서 당황했을 수도 있다. 이 3H가 입시 전체를 아우르는 가장 중요한 요소라고 볼 수 있다. 그래서 3H를 잘 숙지하면 인성 면접이나 심층 면접을 대비할 때도 활용할 수 있다.

인성 면접에서 물어보는 모든 질문의 출제 의도는 이 3H에 해당된다. 그러므로 이 의도에 맞는 답을 하면 된다.

인성 면접에 관한 질문을 받았을 때 "동아리 활동한 경험에 대해 말해 보시오"라고 하면, 학생은 내가 했던 동아리 활동이 내가 지원하려는 학과와 얼마나 밀접한 관련이 있는가, 나는 동아리 활동 중 어떤 우수한 활동들을 했는가, 얼마나 열심히 했는가를 생각하면 된다. 그러니 이 3H를 잘 숙지하고 이 기준에 맞게 자기소개서를 작성한 후 면접에 대비하기 바란다.

자기소개서 쓰기:

3단계

좋은 자기소개서는 균형이 잘 갖춰져 있다.

그러므로 내가 경험한 활동과 내 생각이 잘 드러나야 한다.

그런데 이것은 좋은 소재를 선택하는 것만으로는 완성되지 않는다.

어떤 방식으로 서술하느냐에 따라 자기소개서 내용이 완전히 달라지기 때문이다.

좋은 씨앗을 선택했다면 이제 그 꽃을 피우기 위해

물을 줘서 튼튼하게 잘 길러야 한다.

즉 처음부터 꽃을 바라지 말고 꽃을 피우기 위한 노력이 먼저 필요하다.

스토리보드 만들기

소재를 선택했으면 이제 글을 써야 한다. 그런데 많은 소재를 나열한다고 해서 좋은 자기소개서가 만들어지는 것은 아니다. 소재를 어디에 어떻게 배열하느냐에 따라 읽는 이의 느낌이 달라지기도 하고, 분량 차이에 따라 확연히 다른 자기소개서가 될 수도 있다. 여기에 나만의 포인트를 만들어 넣으면 개성이 강한 자기소개서를 만들 수도 있다. 그러니 글을 쓰기 전에 추린 소재들로 뼈대를 미리 만들어 보는 것이 좋다.

✎ 살 붙이기

이제 내가 선택한 소재에 어떤 포인트를 줄 것인가 생각하는 단계이다. 같은 사건이라도 어디에, 어떻게 포인트를 주느냐에 따라 완전히 다른 자기소개서가 될 수 있다. 선택한 소재를 풀어헤친다는 느낌에서 벗어나 소재를 새로 가공한다는 목표를 가지는 것이 좋다.

✓ 소재에 어떤 결정적 장면을 넣을 수 있을까?

자기소개서의 '독창성'은 대부분 '결정적 장면'에서 결정된다. 많은 학생들이 좋은 자기소개서를 만들기 위해 소재를 '구체화'한다. '구체화'한 자기소개서가 뛰어난 자기소개서라는 것을 알고 있기 때문이다. 그런데 이 '구체화'라는 것은 소재를 구체적으로 나열하는 것이 아닌 나의 우수성을 구체적으로 보여 주는 것이다.

어떻게 우수성을 표현할 수 있을까? 방법은 바로 '에피소드의 결정적 장면'에 있다.

예를 들어 멘토링 활동을 했던 학생이라면 이 활동에 대한 내용을 구체화해 볼 수 있을 것이다. 어떤 교재를 써서 어떻게 공부했고, 일주일에 몇 시간 동안 했으며, 어떤 방식으로 멘토링을 했다는 내용을 적으면 유리하게 작용할 수 있다. 이러한 내용은 내가 했던 활동에 대한 직접적이면서 기초적인 정보이니 어느 정도 언급해도 된다.

그런데 이렇게 구체적인 나열에 그친다면 멘토링 활동을 한 수많은 학생 중 하나가 되어 버릴 뿐이다. 다시 말해 다른 학생과 비교했을 때 차별성이 없다. 따라서 나의 우수성 중 독창성, 창의성 등을 드러내기 위해 다소 엉뚱한 부분에서 결정적 장면을 찾아내 보는 것도 좋다.

아래 학생은 친구를 멘토링했던 경험을 살려 스토리보드를 만들어 보았다. 강조할 만한 사건이 없어서 고민을 하던 중, 멘티의 어머니와 대화한 것이 떠올랐다. 그래서 멘토링에 대한 내용은 전부 삭제하고, 멘토링과는 전혀 관련 없어 보이는 멘티 어머니의 이야기를 보다 구체적으로 적었다.

2학년 때, 친구에게 학습 멘토링을 해줬습니다. 그 아이는 성적이 좋지 않고, 학교생활에도 적응을 잘하지 못했습니다. 심지어 결석과 지각이 잦고, 수업 시간에는 아예 잠만 자는 학생이었습니다. 처음에는 이런 친구를 멘토링 해야 한다는 사실에 한숨이 나왔습니다. 제가 무슨 드라마에 나오는 엄청난 능력의 교사도 아닌데 어떻게 이런 친구의 학습을 지도할 수 있겠습니까? 그리고 개과천선과 같은 이야기는 드라마에서나 가능한 일이지 현실에서는 절대 일어날 수 없는 일이었습니다.

제 예상은 정확했습니다. 제가 멘토링할 친구는 첫날부터 공부를 하지 않고 집에 가겠다고 했습니다. 사실 마음속으로는 잘 되었다 싶었지만 그럴 수 없었습니다. 그 친구는 저에게 짜증을 냈고, 저는 "네가 집에 가는 것은 네 자유지만, 나 역시 너와 멘토링을 해야 할 의무가 있어. 그러니까 어떤 식으로든 너를 가르쳐야 해"라고 강하게 말했습니다. 그 애도 난감하고 저도 난감했는데 워낙 공부를 싫어하니 그냥 힘께 일상 이야기를 하며 시간을 보내기로 했습니다. 그러다 알게 된 것은 그 친구네 집과 우리 집이 멀지 않다는 것, 그래서 등하교를 같이 할 수 있다는 것이었습니다. 무엇보다도 집이 가까우니 그 친구의 집에 놀러 가기로 했습니다.

그 친구네 놀러 간 날, 저는 그 친구가 지각과 결석을 하는 이유, 그리고 학교에서 적응을 하지 못하는 이유를 알게 되었습니다. 그 친구의 어머니는 중풍으로 혼자서는 몸을 잘 움직이기 힘든 상황이었습니다.

그래서 그 친구는 언제나 어머니 걱정을 했고, 심지어는 종종 결석할 수밖에 없었습니다. 저는 이 사실을 알게 된 후 담임 선생님께 방과 후 멘토링을 친구네 집에서 하게 해 달라고 건의했습니다. 선생님은 제 부탁을 들어주셨습니다. 덕분에 1년 동안 그 친구의 어머니와도 많이 친해졌고, 많은 대화를 나눌 수 있었습니다.

제가 멘토링했던 친구는 저처럼 수시 원서를 쓸 것입니다. 성적이 많이 오르지는 않아서 서울 지역 상위권 대학을 지원하기 어렵지만, 그 친구가 가정 형편을 이유로 학교를 포기하지 않은 것, 그래서 지금 이렇게 수시 원서를 쓸 수 있게 된 것만으로도 그 친구 인생은 조금 더 나아진 것이라 생각합니다. 그리고 제가 그 친구의 인생에 조금이라도 도움이 된 것 같아 보람을 느꼈습니다.

이 자기소개서는 눈물 없이는 읽기 힘든 자기소개서라는 평가를 받았다. 사실 이 학생이 한 것은 다른 학생들이 한 것과 크게 다르지 않은 멘토링이었다. 이 멘토링을 감동적인 사연으로 바꾼 것은 친구의 집에 찾아간 대목이고, 담임 선생님께 건의한 대목에서는 단 한 구절이지만 학생의 적극성과 선한 인성 등을 매우 강하게 나타낼 수 있었다. 이렇듯 중요한 것은 '활동'이 아니라 활동 중에서 나만의 우수성을 드러낼 수 있는 '결정적 장면'을 찾아내는 것이다.

✓ 어떻게 하면 소재를 인상적으로 만들 수 있을까?

2단계에서 결정한 소재는 그 자체로만 보면 특별하지 않은 경우가 많다. 어쩌면 지나치게 사소한 것일 수도 있다. 그러나 평범한 소재를 보다 부각시키고, 우수성을 드러낼 수 있는 사건으로 만들 수 있는 비결은 소재 바깥에 있다. 쉽게 말해 그 활동 자체만을 서술할 생각을 버려야 한다. 그 활동을 위대하게 만드는 방법은 서술의 방향에 있다. 스토리보드를 만들 때 이러한 서술의 방향을 설정해 주면, 훨씬 더 좋은 자기소개서가 된다.

예를 들어, '칠판 지우기'는 매우 사소한 활동이지만, '다른 학생들은 그 시간에 내신 대비를 하느라 바빴지만, 나는 내 시간을 들여 칠판 지우는 것을 소홀히 하지 않았다. 왜냐하면 내가 하는 일이 친구들이 편하게 공부할 수 있도록 도와준다는 사실을 알고 있었기 때문이다'와 같이 '헌신성'이라는 방향을 지정한다면 단순하고 사소하게 보였던 활동도 매우 헌신적인 활동으로 바꿀 수 있다.

다음 장의 자기소개서는 체육 대회에 참가해 수상한 이야기이다. 단체 활동이었으므로 당연히 다른 친구들도 함께 수상했다. 그런데 이 학생에게 체육 대회에서 수상한 것은 남다른 의미를 가진다.

이 학생은 '남다른' 스토리를 콤플렉스에서 찾아냈다. 학업 성적이나 고등학교 활동을 적는 칸에 뜬금없이 '키가 작다'라고 쓰는 것은 매우 특이하게 느껴진다. 하지만 이 학생은 자기가 콤플렉스를 이겨내기 위해 노력한 점을 누구나 경험하는 체육 대회와 연결했다.

저는 키가 작습니다. 170센티미터가 안 됩니다. 농구를 좋아하는 저에게 작은 키는 고민거리였습니다. 농구에 대한 애착이 큰 만큼 키가 커지고 싶은 마음도 컸지만, 기대를 저버리는 몸은 좌절감만 주었습니다.

1학년 여름, 교내 체육 대회를 하는 날이었습니다. 반 대표 농구 선수로 출전할 사람이 필요했습니다. 가슴이 두근대는 동시에 걱정이 되었습니다. '키도 작고 실력도 그저 그런 내가 선수로 나갈 수 있을까?' 실수라도 하면 전교생이 저를 비웃을 것 같았습니다. 그래서 다른 친구들처럼 응원이나 하자는 생각도 자꾸 들었습니다.

그러나 고등학교 농구 대회 출전은 제 꿈이었습니다. 다시 오지 않는 기회라고 생각하니 일단 도전해야겠다고 생각되었습니다. 그래서 선수로 자원해 경기에 나갔습니다. 결과는 참패였습니다. 제가 속한 팀은 첫 경기에서 졌습니다. 하지만 제가 처음으로 슛을 넣었을 때 코트를 덮던 함성은 결코 잊지 못할 감동이었습니다. 2학년 때, 저는 다시 농구 대회에 출전했습니다. 친구들은 키가 작은 저를 말렸지만, 저는 1학년 때의 그 감동을 다시 맛보고 싶었습니다. 1학년 후배들과 함께 작년보다 더 많이 연습했고, 제가 주도적으로 연습을 이끌어 나가기도 했습니다. 그 결과 우리 팀이 우승을 할 수 있었습니다.

저는 농구를 통해 콤플렉스를 이겨낼 수 있었습니다. '너는 키가 작아 안 된다'라는 소리를 들었지만, '도전하지 않아서 마음을 다치는 것보다는 내 몸을 다치는 것이 더 낫다'라는 생각이 저를 더 큰 도전으로 이끄는 동력이 되었습니다. 그리고 그런 도전 정신은 제가 고등학교 생활을 적극적으로 하게 하는 큰 힘이 되었습니다.

✅ 특정한 액션을 어떤 식으로 정리할 것인가? (느낀 점, 성취한 것)

앞에서 소재 선택을 할 때, 적극적인 행위가 있는 것이 좋다고 했다. 이 소재를 토대로 스토리보드를 만들 때 결정적 장면이나 드라마틱한 사연이 들어가면 좋은데, 그런 것이 없더라도 단순히 활동만 들어가는 것보다는 그 활동을 통한 변화 등을 언급하는 것이 좋다.

예를 들어 봉사 활동을 했을 때, 봉사 활동한 기록만 적는 것보다는 그것을 통해 나 또는 봉사 활동의 대상이 어떻게 변했는지, 즉 그 봉사 활동을 통해 일어난 변화를 스토리보드에 표시한 후 글을 쓰는 것이 좋다.

> 저는 복지 센터에서 초등학교 1학년 학생을 가르치는 봉사 활동을 했습니다. 그 학생의 부모님은 맞벌이를 하셔서 학생을 복지 센터에 맡겨 놓아야 했습니다. 학생은 자정이 넘어서야 집에 들어오시는 부모님 얼굴조차 보기 힘들다고 했습니다. 저는 그 학생이 무척 안타깝다는 생각이 들었습니다. 그래서 이런 환경을 극복하기 위해 저도 함께 노력해야 한다는 생각이 들었습니다. 그래서 저는 그 학생을 만나러 갈 때마다 각오를 하고…… (후략)

위의 글은 한 학생이 직접 봉사 활동을 했던 경험을 쓴 것이다. 특별히 모난 내용도 없고, 자기만의 의지도 드러나 있다. 하지만 봉사 활동 경험만을 강조하려다 보니 매우 딱딱하고, 개성 없이 밋밋한 봉사 활동이 되었다. 학생의 기억을 더듬어 보면 사실 이보다 훨씬 긍정적이고 화

기애애한 상황이었고, 가르친 학생과 사이도 좋았다. 그리고 이 학생은 봉사 활동을 통해 어떤 깨달음을 얻었다기보다는 그 아이의 상황에 인간적으로 감정 이입이 더 많이 되었던 것 같다. 그래서 봉사 활동에 그런 자기만의 느낌을 솔직하게 붙여 보았다.

저는 복지 센터에서 초등학교 1학년 학생을 가르치는 봉사 활동을 한 적 있습니다. 제 멘티인 학생의 부모님은 맞벌이를 하셔서 아이를 복지 센터에 맡겨 놓아야 했습니다. 부모님이 자정이 넘어서야 퇴근하시기 때문에 학생은 부모님의 얼굴을 보기가 쉽지 않다고 했습니다. 저는 처음 그 이야기를 듣고 멘티가 참 안쓰럽다고 생각했습니다. 그래서 첫날, 6시에 집에 돌아가야 하는데 '조금만 더 있자, 더 있자' 하는 마음에 7시까지 수업을 했습니다. 집에 돌아와서도 아직 어린 멘티가 텅 빈 집에 혼자 있을 생각을 하니 마음이 아팠습니다.

다음 주에 갔을 때, 학생은 저를 무척 반겨주었습니다. 복지 센터에서 일하시는 선생님 말씀을 들어보니 사람을 이렇게 좋아하는 일이 없었는데 제가 늦게까지 함께 있어 주어서 저 학생의 마음이 움직인 것 같다고 했습니다. 덕분에 저는 별로 힘들지 않게 교육 봉사를 했습니다. 먹을 것을 가져가서 같이 먹고, 학생이 좋아하는 연예인 이야기 등을 편하게 들어주었습니다. 초등학교 1학년 학생에게는 학습보다 대화의 시간이 더 중요하다는 것을 깨달았기 때문입니다.

저는 결국 "부모님이 너무 늦게까지 안 들어오셔서 혼자 있기 무서우면 밤늦게 전화해도 돼"라고 하고 제 전화번호를 알려 주었습니다. 학생이 늦은 시간에 여러 번 전화를 했지만, 저는 귀찮아하지 않고 전화를 받아 주었습니다.

제가 3학년이 되어 더 이상 봉사를 할 수 없게 되자 학생이 그것을 미리 알고 일부러 짜증내는 모습을 보면서 눈물이 나왔습니다. 나무라는 선생님을 보고도 막 소리를 지르고 악을 쓸 때, 저는 멘티를 안아 주며 "대학생이 되면 다시 올게"라고 이야기하고 돌아섰습니다.

사건 서술밖에 없던 자기소개서에 감정, 느낌들을 생생하게 실으니 생동감 있는 자기소개서가 되었다.. 그리고 단순한 봉사 활동이 아니라 학생이 새로운 만남을 통해 성숙해가는 과정이 되었다. 이렇게 자기소개서의 꽃을 피우기 위해서는 단순한 사건으로 끝내는 것이 아니라 살을 붙여서 남들과는 다른 자기소개서를 만드는 것이 좋다.

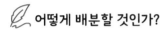 ## 어떻게 배분할 것인가?

① 분량을 조절한다

스토리보드를 구성할 때 염두해야 하는 것 중 하나가 바로 '분량'이다. 사실 글을 다 쓸 때까지는 분량을 생각하지 않고 일단 내가 쓸 수 있는 만큼 쓰는 것이 좋다. 이렇게 다 쓰고 나서 분량을 조절하면 좋은데, 조절하기 힘들 정도로 분량이 너무 많거나 적을 수도 있다. 이때 많은 시간을 들여 분량을 조절하는 것보다는 자기소개서를 작성하는 동안 나중에 수정할 수 있을 만큼 분량을 조절하면서 쓰는 것이 좋다.

② 욕심내서 나열하지 마라

4단계에서 조금 더 자세하게 이야기하겠지만, 지나친 욕심으로 많은 내용을 욱여넣으려고 하면 오히려 좋지 않은 자기소개서가 될 가능성이 크다. 실제 스펙은 생활 기록부에 다 나와 있다. 그러니 소재를 과감하게 줄이고, 선택한 소재를 얼마나 구체적이고 생생하게 쓸 것인가를 생각해야만 한다. 자유 형식의 자기소개서가 아니라면 한 질문 항목에 3개 이상의 소재를 쓸 이유가 없다. 소재가 많으면 내용이 산만해져 읽는 사람이 학생의 우수성을 발견하기 어려울 것이다.

③ 500자 단위로 끊어서 생각하면 분량 조절이 쉽다

예를 들어 '학업에 기울인 노력'에 대한 공통 양식 1번 항목을 1,000자 내외 분량에 맞춰 쓰라고 하면, 이를 두 개의 소재로 나눠 각각 500자 분량의 사건 두 개를 구성해 본다. 두 과목 정도를 쓰면 1,000자가 만들어진다. 공통 양식만 본다면 1번 1,000자, 2번 1,500자, 3번 1,000자이므로 총 7개의 소재로 스토리보드를 만들면 된다.

다른 자유 주제로 스토리보드를 만들 때에도 위의 방식을 응용하면 쉽다. 2,500자를 쓰라고 하면 총 5개의 소재로 나누어 구성하면 된다. 그런데 자유 주제의 경우에는 5개의 소재라고 해도 자기 생각이나 가치관이 들어가는 경우가 많기 때문에 4개의 소재만으로도 충분히 자기소개서를 작성할 수 있다.

④ 임팩트 있게 쓰려면 500자를 넘겨도 된다

500자 단위로 쓰면 스토리보드를 구성하기에 편할지 몰라도, 핵심이 느껴지지 않을 때가 많다. 특히 활동을 적은 공통 양식 2번은 1,500자로 구성하는데, 소재 3개를 단순히 배열하기보다는 2개로 나누어서 분량을 조절할 때 훨씬 더 심도 있는 자기소개서가 될 가능성이 크다. 공통 양식 1번 '학업에 기울인 노력'도 두 과목을 적는 것보다 한 과목을 적고, 그 과목 성적이 왜 좋지 않았나? → 그래서 어떻게 공부했나? → 그 결과가 어떻게 달라졌나? 등을 세세하게 적다 보면 분량 걱정을 한 것이 무색하게 느껴질 수도 있다.

⑤ 500자도 쪼개서 구성하면 더욱 좋다

단순히 소재만 적는 것이 아니라 스토리보드를 만들어야 하기 때문에 소재 하나를 정한 후 500자 분량으로 구체적인 스토리를 만들면 훨씬 좋다. 예를 들어 '결정적 장면'의 경우라면 구체적으로 작성해야 하므로 보다 많은 분량을 할애하는 것이 좋다. 이 말은 500자의 구성 속에서 두세 개의 소재를 다시 쪼개라는 것이 아니라, 500자짜리 한 개의 소재를 조금 더 자세하게 파고들어 그 내용에 가지를 만들어 보라는 것이다.

다음 장의 예시처럼 스토리보드를 만들면 많은 소재를 나열한 것보다 훨씬 효율적이고, 학생의 노력과 우수성 역시 살아난다.

소재:

국어 성적을 올렸다.

- 1년간 외국에서 지내느라 국어 공부를 하지 못했다.

→ 성적이 좋지 않다.(100자)

- 국어 성적을 올리기 위해 친구들에게 조언을 들었다.

→ 선생님과 국어 성적이 좋은 친구의 도움이 필요했음.(100자)

- 국어에 대한 접근성을 높이기 위해 노력했다.

→ 소설과 시를 소리 내어 읽으면서 감동을 느끼려고 노력함.(200자)

- 1학년 말에 10권짜리 장편 소설《태백산맥》읽기에 도전했다.

  사투리가 많아서 읽기 힘들었음. 너무 감동적이어서 밤을 꼬박 새

  우고도 대학생 선배를 졸라 벌교까지 당일치기로 여행을 갔던 기억.

→ 결정적 장면! (400자)

■ 국어 성적이 단숨에 올라 국어 과목에서 전교 1등을 했다!

■《태백산맥》을 읽고 쓴 독서 감상문이 교내 최우수 감상문으로 뽑힘.(200자)

⑥ 3H를 배분한다

우수성, 성실성, 전공 적합성은 자기소개서의 시작이자 끝이다. 이 3가지 요소가 적절하게 들어간 자기소개서는 훌륭한 자기소개서가 될 수 있고, 이 요소가 빠진 자기소개서는 아무리 뛰어난 활동을 빼곡히 적었더라도 어딘가 부실하다. 그러니 이 3가지 요소는 스토리보드를 작성하는 단계에서 내용이 미흡하다고 느껴지면 반드시 첨가해야 한다.

다음 장의 자기소개서는 사학과에 지원하는 학생의 자기소개서이다. 이 학생은 원래 언론 계열 학과에 지원하려고 생활 기록부를 구성했다. 그런데 내신 성적 등이 부족해 상위권 대학을 지원하기 위해서는 지원 학과를 바꾸는 수밖에 없었다. 그래도 우선 자기소개서를 작성해 보았더니 아니나 다를까 전공 적합성이 너무 떨어졌다. 이 학생이 선택한 방법은 1번 항목인 '학업에 기울인 노력' 부분에 역사 수업에 관한 내용을 적고, 여기에 전공 적합성을 맞춰 넣는 방법이다.

질문	공통 문항 1번. 고등학교 재학 기간 중 학업에 기울인 노력과 학습 경험을 통해, 배우고 느낀 점을 중심으로 기술해 주시기 바랍니다.
선택	한국사
3H	성실성, 우수성, 전공 적합성 다 넣자. 특히 공통 항목 2, 3번에서 전공 적합성이 약하니 이 항목에서 가급적 전공 적합성을 강조해 보자.
스토리보드	-국사를 잘했다 : 우수성 -연대표를 만들어서 외우고, 실제 답사를 통해 이해도를 높였다 　: 성실성 -사학과에 지원해 한국 고대사에서의 국제 관계를 더 고찰해 보려고 　한다 : 전공 적합성
완성 예	

저는 내신 과목 중에서 한국사 성적이 가장 우수합니다. 매년 1등급을 받았고 역사 경시대회에서 대상을 수상하기도 했습니다. **(우수성)**

제가 역사 관련 과목에서 우수한 성적을 유지할 수 있었던 것은, 누구보다도 연대기적 정리를 꼼꼼하게 했기 때문이라고 생각합니다. 저는 수업 시간에 들었던 역사적 사건들을 항상 연도별로 따로 정리했습니다. 비슷한 시대에 일어난 일들은 교과서에서 배우는 것만으로는 순서를 정확히 알기 어려웠는데, 이런 내용들은 참고서를 찾아서 순서를 정리해 두었습니다.

뿐만 아니라 역사적 사건을 보다 정확히 이해하기 위해서 직접 답사를 다녀온 적도 있었습니다. 단종에 대해 배우다가 역사적 사료와 설화가 있다는 사실을 알게 되었고, 여기에서 흥미를 느껴 실제 사육신묘에 찾아가 보기도 했습니다. 또한, 오대산에 여행을 갔을 때는 세조와 관련된 설화들을 찾아서 정리했습니다. 부모님과 함께한 영월 여행에서는 단종에 대한 사료들을 조금 더 얻을 수 있을 것이라 생각했습니다. 그러나 사료가 많지 않아 실망한 기억도 있습니다. 이런 역사적 장소와 기록에 대한 실제 체험은 그 시대의 가치관, 생활상을 좀 더 깊게 들

여다볼 수 있어 유용했습니다. **(성실성)**

　제가 사학과에 입학하게 된다면 한국과 그 주변의 국가들의 관계를 연구해 보고 싶습니다. 우리나라 고대사에 대한 연구들은 지나치게 극단적이라는 생각이 들었습니다. 《한단고기》를 읽었을 때는 민족의 기대를 느낄 수 있었지만, 우리나라를 지나치게 세상의 중심에 두어 역사적 왜곡이 많은 것 같다는 생각이 들었습니다. 반대로 임나일본부설은 일본의 시각에 너무 치우쳐 있다는 생각을 지울 수가 없었습니다. 그래서 저는 먼저 중국의 역사, 일본의 역사, 아울러 몽골의 역사까지도 두루 섭렵하고 싶습니다. 그것을 토대로 우리나의 역사와 견주어 보면 어떤 기록이 조금 더 객관적인가를 찾아낼 수 있을 듯합니다. 대학에서 고학년이 되면 현재 동북공정으로 문제가 되는 지역을 찾아가서 충돌을 해결할 단서들을 찾아내고 싶습니다. 제가 고대사를 연구하려는 이유는 희미한 흔적의 역사가 조금 더 명확해지면, 우리 민족이 나아갈 방향이 보다 더 뚜렷해질 수 있다는 생각 때문입니다. 어제로부터 비롯된 교훈이 우리를 보다 더 나은 삶으로 이끌듯이 역사적 교훈들을 명확하게 찾아낸다면 우리 민족이 나아가야 할 방향을 보다 확실하게 잡아낼 수 있으리라 확신합니다. **(전공 적합성)**

✑ 질문별 스토리보드 작성 시 주의 사항

　여기에서는 스토리보드를 만들 때 항목마다 주의해야 할 사항을 정리했다. 이에 유의해서 스토리보드를 작성하자. 만약 시간에 쫓겨 하루 만에 자기소개서를 써야 하는 학생이라면 이 주의 사항만이라도 꼭 읽어보고 자기소개서를 쓰길 바란다.

✅ 공통 항목

> 고등학교 재학 기간 중 학업에 기울인 노력과 학습 경험에 대해, 배우고 느낀 점을 중심으로 기술해 주시기 바랍니다.

① 중요한 것은 학습 결과에 대한 나열이 아니다

이미 생활 기록부에 나와 있는 결과들을 옮겨 적는다고 해서 좋은 점수를 받을 수 있는 것은 아니다. 활동 사항에 대한 기재도 마찬가지이다. 중요한 것은 어떤 과정을 통해 학습했고, 그 결과 어떻게 달라졌는가를 적어야 한다.

잘못 쓴 예	(전략) 교내 동아리 회장을 맡아 활동했으며, ○○○ 대회에 참가해 수상하였고, ○○○로 참가하면서 국가 간의 관계와 도움이 필요한 나라에 대한 인도적 지원 방안 등을 생각하게 되었다. (중략)○○○ 연합 동아리 회장으로 선출되었다. 그 밖에 ○○○로 참여했고 ○○○ 세미나 등을… (후략) *S대학교에서 직접 발표한 내용임
잘 쓴 예	(전략) 사교육을 받지 않고 영어를 공부했다는 사실은 뿌듯함보다는 막연한 불안감으로 다가왔습니다. 그래서 선택한 것이 교내 영어 심화 프로그램에 참가하는 것이었고, 더불어 ○○○ 동아리에 가입해 영어 실력을 키우기 위해 (중략) 영어로 진행할 수 있을 정도로 말하기 능력이 향상되었고, 원어민 영어 선생님과 유머를 주고받을 정도가 되었습니다. 영작도 이전보다 정확하게 할 수 있게… (후략) *S대학교에서 직접 발표한 내용임

② 교수를 넘어서지 마라

자기소개서에 종종 등장하는 문구인 "열심히 공부해서 수학 성적을 올렸습니다. 이는 앞으로 공학 계열을 공부하고자 하는 저의 꿈에 씨앗이 되어 주리라 봅니다"는 매우 관용적인 표현이다. 게다가 씨앗이 될지 안 될지는 교수가 판단할 일이다. 전공 적합성을 강조하는 것은 좋지만 이렇게 억지를 쓰면 오히려 전체 내용이 어색해지는 경우가 많으니 주의해야 한다.

③ 억지로 전공과 연결하지 마라

전공 적합성이 높지 않은 학생들이 공통 문항 1번 항목에서 가장 빠지기 쉬운 유혹이 어떻게든 전공 적합성을 만들어 끼워 넣으려는 것이다. 그러다 보니 위의 예시처럼 교수를 넘어서 판단하기도 하고, 때로는 매우 진부한 내용으로 전공 적합성을 만들어 내기도 한다.

그런데 통계에 의하면 전공 적합성과 지원 학과가 일치하는 경우는 60 퍼센트 내외라고 한다. 꽤 높은 수치처럼 보이지만 상경 분야와 수학 과목, 공학 분야와 과학 및 수학 과목, 사회과학 분야와 탐구 과목, 어문 분야와 영어 및 외국어 과목의 관계성을 생각해 보면, 60퍼센트는 적은 수치이다. 종교학과와 교과 과목을 일치시킬 수 없듯이 교과 과목과 연결할 수 없는 학과들이 상당히 많기 때문에 굳이 일치시킬 필요가 없다. 그리고 애써 전공 적합성을 만들어 낸 학생의 대학 합격률이 더 높은 것도 아니다.

이 말은 '3H를 반드시 넣어라'라는 내용과 반대된다고 생각할 수 있는데, 글을 쓰는 단계에서 전공 적합성을 억지로 만들어 관련 없는 것과 연결하려고 하면 문장이 진부해질 수 있다. 그러니 전공 적합성은 시작 단계부터 충분히 고민하고, '소재'로 승부를 걸어야 한다.

④ 외부 스펙이 개입되었는가를 본다

현재 대입에서 활용되는 자기소개서에는 반드시 지켜야 할 사항들이 있다. 그중에는 외부 활동 관련 내용은 기재할 수 없다는 사항이 있는데, 이를 어기고 그에 대한 내용을 기재하면 0점 처리가 된다. 학교장 승인이 있는 외부 활동은 기재할 수 있어도 기재 여부에 대한 기준이 애매모호한 경우가 있다. 이런 활동들을 기재할 수 있는지 확인하는 방법은 해당 대학 입학처에 문의하는 것이다. 그런데 그렇게 확실하게 알아봤다고 할지라도 실제 자기소개서를 평가하는 사람이 외부 활동이라 생각하면 0점 처리가 된다. 따라서 명백하게 외부 활동이 아니라는 것이 밝혀진 것 외에는 어떤 경우라도 욕심을 부려서는 안 된다.

> **고등학교 재학 기간 중 본인이 의미를 두고 노력했던 교내 활동을 배우고 느낀 점을 중심으로 3개 이내로 기술해 주시기 바랍니다. 단, 교외 활동 중 학교장의 허락을 받고 참여한 활동은 포함됩니다.**

위 질문은 비교과 분야에서 본인에게 의미와 가치가 있다고 느껴졌던 활동을 서술하는 항목이다. 교내 동아리 활동, 인터넷 동호회 활동, 취미 활동 등 자기 삶에서 중요한 의미와 가치를 두고 있는 삶의 영역이 있다면 이 문항에서 서술해야 한다. 또한 학교에서 친구들과 함께 활동한 소모임이나 학교 선생님과 함께했던 탐구 활동, 또는 간부 수련회 활동 등 삶에 영향을 미친 사건이 있으면 이를 중심으로 기술해도 좋다. 중요한 것은 이 역시 나열이 아니라 구체적인 활동의 과정과 결과를 제시할 수 있어야 한다.

아래는 학생들이 2번 항목에서 주로 선택하는 소재에 대한 주의 사항이다.

① 동아리 활동은 동아리 안에서 '내가' 한 활동을 적어야 한다

동아리 활동은 어떤 동아리였는지가 중요한 것이 아니다. 얼마나 자발적으로 활동했는지, 얼마나 성실하게 활동했는지가 더 중요하다. 많은 학생들이 경험을 '아름답고 즐거웠던 추억'으로 떠올리고 그 내용들을 적는데, 자기소개서는 추억에 대한 기록이 아니다. 그리고 교수가 학생들의 '아름답고 즐거웠던 추억'에 동참하지도 않는다. 그러므로 '추억'을 적기보다는 '활동'을 적는 것이 중요하다.

이처럼 이 항목에는 활동 내용을 구체적으로 적고, 그 활동에 자발적, 적극적으로 참여했음을 밝힌다. 또 활동하면서 힘들었던 점을 상세히 적고, 그것을 통해 자신이 어떻게 발전했는가를 적는다.

저는 영어 회화반이었는데, 2년 동안 두 번의 영어 연극을 준비한 것이 제게는 성장하는 기회가 되었습니다. 저는 배우를 선발하는 오디션에는 응하지 않고 연출, 그중에서도 음악 파트에 지원했습니다. 그러나 처음으로 시도하는 영어 연극이었기 때문에 모두 실수투성이었습니다. 음악이 나오기 전에 배우가 나오기도 하고, 배우의 대사에 엉뚱한 음악이 깔리기도 했습니다. 조명 파트도 마찬가지여서 배우가 대사를 하는데 엉뚱한 곳에 스포트라이트를 비추곤 했습니다.

공연 이틀 전까지 이런 상황은 계속되었습니다. 최종 리허설을 할 때까지도 선생님의 지적은 계속되었고, 모두가 마음이 조급해 짜증을 내고 있었습니다. 그러나 다들 지칠 대로 지치자 오히려 연습장에는 오기와 활력이 살아났고, 마지막 연습에서는 한 사람도 빠짐없이 최선을 다해 모두가 흡족해하며 집에 돌아갈 수 있었습니다.

막상 공연에서 실수를 했지만, 마지막 연습의 상태가 연장되었기 때문인지 오히려 연극은 활력에 가득 차 있었고, 큰 호응을 얻을 수 있었습니다. 교장 선생님도 오셔서 보시더니 몹시 흡족해하셨습니다. 그래서 고3 선배들 앞에서 한 번 더 공연을 할 수 있었습니다.

저는 연극을 통해서 친구들과 함께 일하며 협력하는 법을 배웠습니다. 계속되는 실수 때문에 음악 파트와 배우 파트, 그리고 조명 파트를 맡은 친구들은 사이가 좋지 않았고, 서로에게 책임을 미루고 비난하는 일이 잦았습니다. 그 속에서 긴장을 풀어 가며 둘의 역할을 조정해 미묘한 갈등 상황을 넘기는 것은 참으로 어려운 일이었습니다. 그러나 저는 그런 문제가 생길 때마다 먼저 다가가 상황을 조율했습니다. 조명을 담당하는 친구들에게 저녁을 같이 먹자고 제안해 이 문제에 대해서 마음 상하지 않게 푸는 방법도 익혔습니다. 그 경험 덕에 저는 다음 공연에서는 훨씬 더 능숙하게 친구들을 적재적소에 배치하고 지도해 성공적으로 공연을 마칠 수 있었습니다. 이렇게 연극을 통해 사람들과 함께 일하고, 서로 협력하며, 갈등을 조정하는 리더십을 배운 것이 장차 한 사람의 사회인으로 살아갈 저에게 소중한 자산이 되었다고 말하고 싶습니다.

위의 자기소개서는 동아리 활동 중에서 가장 인상 깊었던 영어 연극 활동을 적었다. 여러 문제에 부딪혔지만, 결과적으로 매우 성공적으로 공연을 마칠 수 있었다는 내용이다. 학생은 갈등 상황을 잘 묘사했고, 거기에 느끼고 배운 점도 잘 적었다. 그런데 이 공연에서 자기가 한 역할과 주도성은 그 어디에도 보이지 않았다. 그래서 생활 기록부에 나와 있는 내용과 크게 다르지 않아 더 이상의 가점을 받을 수 없었다. 나는 이 학생에게 갈등을 조율한 과정을 생생하게 적어보는 것이 어떻겠느냐고 제안했다. 그 결과 같은 활동이지만 완전히 다른 자기소개서가 되었다.

② 문화, 취미와 같은 자신의 '정서적 향상'을 넣는다

문화 활동과 관련된 글에는 특히나 자기만의 취미나 기호를 나열해서는 안 된다. 가급적이면 특기가 될 만한 분야를 적는 것이 바람직하고, 혹 특기가 없다면 문화 활동에 적극적으로 참여했다는 점을 강조하자. 무엇보다도 '정서적 측면'을 강조하면 좋은 자기소개서를 만들 수 있다. 그리고 이러한 문화 활동을 통해 정서적인 안정을 찾았다고 서술하는 것이 바람직하다.

만약 이 활동이 오케스트라 활동이거나 다른 친구들과 함께한 체육 활동이면 공통 항목 3번에 적는 것이 더 좋지 않을까 고민해 볼 수도 있다. 가치관과 관련된 내용이라면 3번 문항이 더 적합할 수도 있다.

③ 리더십 활동은 '나로 인해 공동체가 어떻게 바뀌었는가'가 핵심이다

리더십을 강조하려는 학생들은 자기가 맡은 위치를 강조하려는 경향이 두드러진다. 그 예로 학생회장이나 동아리 회장을 맡았던 것들이 여기에 속하는데 이는 생활 기록부에 이미 나와 있다. 그러니 '이력'을 나열하면 가산점을 받지 못한다. 그것보다는 나의 어떤 덕목—예를 들어 경청, 헌신성, 조율 등—으로 인해 공동체가 바뀌었는지를 보여 주는 것이 바람직하다. 특히 공동체가 바뀐 부분을 이전 상황과 명확하게 대비해 보여 주면, '나의 리더십'은 빛을 발하게 된다.

저는 학급 회장이 된 후 친구들과 상의해서 우리 반만의 교과 멘토링제를 제안했습니다. 교과별로 성적이 좋은 친구가 멘토가 되어 교과 학습 보충을 희망하는 멘티 친구들에게 교과 학습을 보충해 주자는 취지였고, 모두들 제 의견에 동의했습니다.

하지만 처음 생각과는 다르게 멘토와 멘티 사이의 약속이 잘 지켜지지 않아 많이 힘들었습니다. 문제를 해결하기 위해 제가 제안한 것은 멘토가 일지를 작성하는 것이었습니다. 학습을 하면서 느꼈던 기록의 가치를 이 활동에도 적용하고자 했던 것입니다. 멘토링을 하는 날마다 멘토와 멘티 모두 무엇을 공부했는지, 좋았던 점과 보완해야 할 점은 무엇인지 적기로 했습니다. 이것이 멘토와 멘티 간 하나의 약속처럼 작용하면서 서로에게 책임감을 부여했을 뿐만 아니라 활동을 수시로 점검하고 반성할 수 있었습니다.

멘토링 제도를 운영하면서 친구들과 더 많이 소통하고 돈독한 관계를 형성하게 된 것도 좋았지만, 배려와 나눔의 자세를 배웠다는 점에서 이 활동은 그 무엇과도 바꿀 수 없는 소중한 경험으로 남아 있습니다. 멘티 친구들의 학습 능률을 끌어올릴 방법을 생각하다가 제 단점을 보완할 기회가 된 것도 의외의 큰 성과이자 행운이었습니다. 또 재능 기부는 남을 위한 기부이기도 하지만 자기를 돌아보는 기부라는 것을 깨달았습니다.

위의 학생은 학급 회장이 되었다는 것을 강조하기보다는 학급 회장을 하면서 어떤 것을 자발적으로 고쳐 나갔고, 그것을 통해 환경이 어떻게 변했는지, 또 어떤 것을 얻게 되었는지를 정확하게 밝히고 있다.

이 학생이 맨 처음에 쓴 자기소개서에는 '이런 것을 통해서 S대학교에 가면 리더십을 발휘할 수 있고…' 등이 적혀 있었다. 이는 진부한 표현일뿐더러 학생이 했던 구체적 활동을 오히려 축소시키는 역할만 하고 있었는데 공동체의 일원이라는 생각으로 다시 작성했을 때 비로소 학생의 리더십이 생생하게 살아났다.

④ 자기의 지적 변화가 중요하다

2번 항목에 연구 활동을 적는 사람이 많은데 일단 3가지 정도를 유의하고 스토리보드를 만들어야 한다.

첫 번째는 자발성이다.

어떤 분야에 왜 호기심을 가지게 되었고, 그 호기심을 얼마나 적극적으로 풀어나갔는가를 보여 준다. 자발성과 적극성을 강조하는 것이니 가급적이면 실제 경험이 들어가면 더 좋다.

두 번째는 '연구원'이 되지 않는 것이다.

학생들이 쓴 연구 활동에 대한 내용을 보면 아무리 봐도 이 글을 쓴 학생이 평범한 고등학생으로 보이지 않는다. 그 분야의 최고 권위자도 이 학생만큼 열정을 보이며 매진하지는 않을 것이다. 그런데 학생들은 'A에 호기심을 느껴 B를 조사하고, 그 과정을 더 깊이 탐구하기 위해 C를 읽은 뒤, D라는 결론을 내렸다. 그리고 이를 정리하며 E를 발표해서 큰 호응을 얻었다'라는 식으로 적는다. 아주 솔직하게 어쩌다 A를 접했고, 수행 평가가 있어서 B를 조사했고, 그 B에 대한 내용을 C라는 책에서도 보았기에 D라는 결론을 내린 것 아닌가?

물론 학생의 적극성을 강조하라고 했으니 이런 적극성을 강조하는 내용을 빼라는 것이 모순처럼 느껴질 수도 있다. 하지만 적극성이 '거짓말에 가까운 과장'이 되어서는 안 된다. 차라리 연구 활동의 순서를 적는 것이 훨씬 자연스럽다.

세 번째, 지적 성숙이 가장 중요하다.

위에서 말한 연구 활동을 통해서 무엇을 새롭게 알게 되었다는 내용을 명확하게 적어 준다. 연구와 실험의 내용이 전공 적합성과 연결된다면 대학에 진학해 그 분야에 대해서 어떻게 연구하겠다는 학업 계획까지 확장시켜도 좋다. 단, 그 내용이 지나치게 작위적이거나 비현실적이라면 연결하지 않는 것이 낫다.

마지막으로 연구 활동을 친구들과 함께했고, 그 과정에서의 깨달음을 얻었다는 내용이 더 많다면 공통 문항 3번으로 옮기는 것이 어떨까 고민해 보는 것도 좋다.

⑤ 발표 활동은 절반 정도로 구성하면 좋다

발표 활동은 연구 활동의 연장선으로 잡아야 한다. 그러니까 어떤 발표를 했고, 어떤 평가를 받았느냐에 못지않게 중요한 것이 발표를 준비하는 과정이다. 이 부분에서 자기만의 성실성, 창의적 아이디어(우수성)를 함께 보여 주어야 한다.

그리고 또 하나 중요한 것은 발표 이후의 평가 내용을 반드시 기재해야 한다. 공식적인 수상이 있으면 그 수상에 대해서 적어 주면 된다. 만약 공식적인 평가가 없다면 비공식적인 평가, 예를 들어 담임 선생님의 평가, 발표를 지켜본 친구의 평가 등을 기재하면, 자기의 우수성이 더 돋보일 수 있다.

학교생활 중 배려, 나눔, 협력, 갈등 관리 등을 실천한 사례를 들고 그 과정을 통해 배우고 느낀 점을 구체적으로 기술해 주시기 바랍니다.

이 항목에서는 학생의 인성적인 면을 부각시켜야 한다. 그렇기 때문에 개인적으로 활동한 것이나 개인의 우수성을 강조하기보다는 다른 친구들과 함께한 내용을 중심으로 서술하는 것이 좋다. 그렇다고 꼭 단체 활동만 적으라는 것이 아니다. 단체 활동이 아니더라도 단체 속에서 내가 한 행동이 공동체를 이롭게 하거나 공동체 의식을 확립하는 계기가 되었다면 그것도 좋다. 심지어는 공동체와 전혀 무관하더라도 인성에 해당되는 것이라면 공통 문항이 3번에 더 유리할 수도 있다.

① 문제 해결을 위해 노력한 것은 아주 좋은 소재다

학교 폭력이나 왕따 등의 문제를 방관하지 않고 해결하기 위해 노력한 경험이나 실천한 사항 등을 적으면 아주 좋다. 왕따 문화에 동참하지 않고 친구들을 보살폈거나, 가해자의 협박에 굴하지 않고 선생님·부모님·선·후배 등과의 관계를 통해 학교 폭력 문제를 해결하려고 노력했다면, 해결 여부와는 관계없이 문제 해결을 위한 과정과 어려움을 함께 서술해 주는 것이 좋다. 그 과정에서 사회적 차원의 의미와 해결책의 필요성에 대한 깨달음으로 자연스럽게 논의를 확대한다면 더욱 인상적인 자기소개서가 될 수 있다. 이외에도 다양한 교내 문제를 적극적으로 해결한 사례가 있다면 자기소개서에 좋은 소재로 쓸 수 있다.

② 봉사 활동은 내용보다는 변화를 적는 것이 좋다

봉사 활동을 기록할 때 가장 많이 하는 실수는 활동 내역을 모조리 적는 경우다. 하나라도 빠뜨리면 점수가 깎일 것 같다는 생각이 들 수도 있지만, 봉사 활동에 대한 기록 역시 이미 생활 기록부에 모두 나와 있다. 이런 내용을 한 번 더 적는 것은 아무 의미가 없다.

또 한 가지, 학생들은 대개 다른 항목에서는 진부한 내용들을 쏙쏙 골라 작성하면서 왠지 봉사 활동만큼은 남다르게 적으려고 노력한다. 그러나 내용이 진부해도 되는 유일한 항목이 바로 봉사 활동에 관한 항목이다. 한마디로 봉사 활동이 진부한 것이든, 특별한 경험이든 아무 상관이 없다. 봉사 활동을 통해 무엇을 느끼고 어떻게 변화했는지가 내용보다 훨씬 중요하다. 길거리 청소 봉사 활동을 한 후 환경의 중요성을 깨닫는 것이 병원 중환자실에서 아무런 깨달음 없이 두세 달 봉사 활동을 한 것보다 훨씬 바람직하다.

2학년 겨울 방학 때 치매 노인 보호소에서 봉사 활동을 했습니다. 그곳에서 제가 한 일은 보호소에 들어오시는 어르신의 신발을 벗겨 드린 후 신발을 신발장에 넣어 드리는 것으로 하루 일과를 시작해, 운동하시는 것을 도와드리고 함께 점심을 먹으며 어른들을 보조하는 것이었습니다.

봉사 활동 둘째 날, 한 할머니의 신발을 벗겨 드리고 성함을 여쭈었습니다. 하지만 할머니 성함은 신발장에 없었습니다. 저는 당황해서 계속 확인했지만 역시나 찾을 수 없었습니다. 보호소 직원분께 말씀을 드렸더니, 그분은 할머니께 "할머니, 아드님 이름 말고 할머니 이름 말씀하셔야죠"하고 말씀하셨습니다. 저는 치매에 걸린 할머니가 자기 이름은 잊어버렸으면서 자식의 이름만은 계속 기억하고 계셨다는 사실을 알고는 뭐라 형언할 수 없는 감동을 느꼈습니다. 누군가를 그만큼 진실된 마음으로 사랑할 수 있는 분들이라 생각하니 어르신들의 사랑이 한없이 높아 보였고, 소홀히 대할 수가 없었습니다. 그때까지는 단지 거동이 불편해서 도와드려야 할 어른들이라고 생각했지만, 이후에는 제가 초라하게 느껴졌습니다. 화장실까지 모셔다드린 할머니 한 분이 제 손을 잡고 "고맙다, 고맙다"하시면서 우실 때는 조그만 도움을 드리고 그런 얘기를 듣는 것이 부끄럽기까지 했습니다.

저는 그날 이후로 사람과 세상을 보는 눈이 조금은 더 성숙해진 것 같습니다. 어른들의 말씀을 빌리자면 비로소 사람 귀한 것이 어떤 것인 줄 알게 된 것이었다고 할 수 있을 것 같습니다. 그것이 제 삶에서 중요한 버팀목이 되고 있다고 생각합니다.

③ 교내 활동을 적으려면 '나의 인성'을 강조하라

3번 항목에서는 언제나 인성적인 면이 부각되어야 한다. 예를 들어 앞의 예시처럼 친구와 갈등이 있었다면 그 갈등의 내용과 종류는 전혀 중요하지 않다. 대부분의 학생들은 이 갈등을 자세하게 적는다. 그러나 갈등에 대한 구체적인 설명보다는 그 갈등을 어떤 식으로 해결했는지가 더 중요하다. 해결 과정에 자기의 성실성과 이해심, 배려심이 드러나야 한다.

마찬가지로 다른 사람의 도움을 받아 해결한 일은 결과가 중요하지 않다. 이 소재를 2번 항목에서 활용한다면 자기만의 성실성을 드러내고, 결과를 부각하는 것이 좋다. 만약 그렇다면 주저 없이 이 소재를 2번 항목으로 바꾸자. 이런 경우가 아니라 함께 무언가를 해결한 일이라면 그 과정에서의 일어난 협동, 타협 등이 더 중요하게 작용한다. 무엇보다도 공동의 목표를 향해 나아가는 과정에서 내가 했던 역할을 보다 구체적으로 이야기해야 한다.

1학년 2학기 기말고사가 끝난 후 동아리 창설에 관심을 갖고 있는 친구들과 모였습니다. 1년에 한 번만 동아리 개설 신청을 할 수 있어서 (사실상 이번이 마지막 기회였기 때문에) 3개월 가까이 동아리 만드는 일에 매달렸습니다. 친구들의 관심 분야는 각기 달랐지만, 동아리의 목표를 '사회 참여를 통한 의식의 성장'으로 하는 데는 반대가 없었습니다. 동아리의 이름은 '반크'로 정했고, 활동 목적은 왜곡된 역사를 널리 알리고 시정하는 것으로 정했습니다. 그러나 어떤 내용을 제안서에 포함시킬지에 대해 상의하는 과정에서 본래의 목적에서 벗어나는 활동 목표들을 추가하기 위해 자기의 주장만을 고집하는 소수의 친구들이 있었습니다. 이 때문에 동아리 신설이 늦어졌습니다.

정기적인 모임은 형식적으로 진행됐고, 동아리 회장과 그의 소수 지지자들은 비공식적으로 몰래 작성한 제안서를 받아들일 것을 강요했습니다. 의견의 차이를 좁히지 못해 동아리 조직이 실패로 끝날 수도 있었기 때문에 저는 자료 수집 분석 부서장으로서 다른 부서장들과 상의하여 회장에게 모임을 제안했습니다. 그런 뒤, 서로의 생각을 듣고 상대편의 좋은 의견은 서로 받아들여서 절충안을 만들어 내려고 노력했습니다. 지도 교사가 없는 상황에서 공정하게 합의를 이끌어 낸다는 것이 생각보다 훨씬 어려운 일이라는 것을 깨닫게 되었습니다.

그러나 동아리 해체는 서로가 원하는 결과가 아니었기 때문에 여러 번 모임을 가지면서 개인적 관심과 이해관계보다는 동아리 개설이라는 취지를 상기하면서 서로 양보하려고 노력했습니다. 이렇게 힘든 과정을 거치고 나니 서로 협력하면서도 동아리 내에 팽팽한 긴장감이 생겨 나태하지 않게 동아리 활동에 최선을 다할 수 있었습니다.

이 글은 다소 문장이 길고 어색해서 형식만 본다면 좋은 자기소개서라고 할 수 없다. 그러나 자기소개서는 문장력을 보지 않아 내용만 충분히 전달된다면 문장력이 좋지 않더라도 문제가 되지 않는다. 이 학생이 쓴 자기소개서의 장점은 자신의 적극적인 동아리 활동을 있는 대로 적으려 욕심내지 않은 것이다.

이 학생은 생활 기록부에 충분히 적혀 있는 동아리 활동 사실은 과감히 자르고 오히려 중요하지 않은 것처럼 보이는 '동아리 창설 과정'에 대해 썼다. 왜냐하면 그 과정에서 갈등이 가장 심했고, 문제 해결에 있어 학생의 인성이 잘 드러날 수 있다고 판단했기 때문이다. 이렇게 스토리보드를 짤 때, 인성을 훌륭하게 드러낼 수 있는 에피소드가 있다면 사소한 내용이라 할지도 그것을 중심으로 구성하는 것이 바람직하다.

✓ **선택항목**

자신의 장단점을 솔직하게 적어 보세요.

① 장점은 증거가 있어야 한다

잘못 쓴 예	저는 처음 본 사람을 대할 때 제가 먼저 마음을 열어 상대방이 거부감을 느끼지 못하게 합니다. 그래서 주로 재미있고 편안한 얘기로 대화를 시작해 상대방이 부끄러워하거나 낯가림 없이 편안함을 느끼게 해주려고 노력합니다. 그리고 친구들이 어려울 때 솔선수범해서 도와주는 편이라 더욱 그런 것 같습니다.

대부분의 학생들은 자기 성격의 장점으로 사교성, 성실성, 정직함, 활발함 등 바람직한 가치관을 내세우고 있다. 그런데 글에서 학생 성격을 알 수 있는 방법은 없을까? 수많은 자기소개서에 등장하는 '정직한' 학생들 사이에서 나야말로 정말 정직하다는 것을 어떻게 증명할 수 있을까?

만약 그 장점에 대한 구체적인 증거가 드러나지 않으면 평가자는 무성의하게 읽고 넘길 것이다. 그러므로 지원하는 학생의 장점을 묻는 문항에는 되도록이면 객관적이고 구체적인 경험이나 일화를 쓰는 것이 좋다. 그냥 '성실하다'라고 쓴 남들과 차이 없이 무난한 글보다는 어떤 상황이나 경험을 설명한 후, 이 일들을 토대로 생각할 때 드러나는 나의 성실함에 대해 적는 것이 바람직하다.

앞의 자기소개서를 이렇게 고쳐 보았다.

> 제 장점은 사교성이 좋다는 것입니다. 어려서부터 이사를 많이 다녔기 때문에 낯선 사람들을 많이 접하게 되었습니다. 그 과정에서 낯선 사람을 대할 때에 먼저 마음을 열어 놓으면 상대방이 편안하게 생각한다는 점을 깨달았습니다. 이렇게 내가 먼저 마음을 열고 다가가다 보면 어느새 신뢰감이 생깁니다. 나아가 저는 친구들의 어려움을 잘 도와주려고 노력했습니다.

② 단점을 그 자체로 두면 안 된다

단점을 쓸 때 주의 사항이 몇 가지 있다. 일단 가장 먼저 생각해야 할 것은 단점의 수준을 정하는 것이다. 이때 치명적인 단점을 적으면 곤란하다. 그러다 보니 단점을 적을 때 '난 너무 잘난 것이 단점이다'라는 식으로 얼버무리려고 하는 경우도 있다. 이렇게 단점도 아닌 것을 단점이라고 적으면 위선적으로 보일 수 있으니 솔직하게 적어야 한다. 정말 단점이라고 생각하는 것을 심각하지 않은 선에서 솔직하게 적어 주는 것이다.

잘못 쓴 예	제 장점이자 단점은 호기심이 많다는 점입니다. 그래서 눈에 띄는 거의 모든 것을 호기심 있게 살펴보았습니다. 친구들은 제가 쓸데없이 이것저것 참견하고 다닌다고 면박을 주기도 합니다. 하지만 저는 관심 있고 좋아하는 일이 생기면 그 어떤 것보다도 그것을 해야만 직성이 풀리는 성격 탓에 얻은 것도 많다고 생각합니다. 제가 좋아하는 분야에서는 높은 성취도를 얻을 수 있었고, 무엇보다도 좋아하는 일에 적극적으로 뛰어드는 것이 즐겁기 때문입니다.

단점을 적을 때 주의해야 할 점 두 번째는 단점을 그대로 두어서는 안 된다는 것이다. 단점을 알고도 그대로 두었다고 하면, 그 학생은 단점을 보완해 더 좋은 사람이 되려는 노력이 부족해 보일 수 있다. 그러니 그것을 고치기 위해 어떤 노력을 했는지, 어떻게 노력해서 나아졌는지도 함께 적는 것이 좋다. 그리고 그런 단점을 고치기 위한 계획도 적어 주면 좋다. 정리하자면, 단점을 바꾸려는 노력과 극복 과정이 강하게 나타나야 한다.

저는 이해력이 부족합니다. 때로는 저 혼자만 열정적으로 맡은 일을 해서 그래서 주위 사람들의 입장을 고려하지 못한 적도 있었습니다. 이 성격은 고쳐야겠다고 생각하고 있으며, 다른 사람들 말에 귀를 기울이고 그들의 입장을 충분히 받아들이려 노력하고 있습니다. 실제로 저는 매주 반 친구들의 의견을 듣고 있습니다. 반장이라는 책임감과 제 성격을 고치기 위해 이 시간을 매우 중요하게 생각하고 있습니다. 뿐만 아니라 다양한 삶과 문화를 접하기 위해 대학 입학 후 여행과 답사를 계획하고 있는데, 이것도 다른 이를 이해하기 위한 노력의 연장이라 생각합니다.

감명 깊게 읽은 책이나 독서 경험에 대해서 기술해 주세요.

① 책의 내용이나 수준보다 책을 통한 변화가 중요하다

고등학생이 읽기 어려운 내용의 책이나 다양한 분야의 책을 읽었다고 자랑하면 면접을 볼 때 부정적 평가를 받을 수 있다. 그러니 독서 경험에 대해 쓸 때 자기만의 가치관과 지적 관심사, 그리고 전공 선택에 직접적인 영향을 준 책을 중심으로 서술하는 것이 좋다. 이때 줄거리나 내용 소개보다는 책을 읽고 느낀 점을 위주로 서술해야 한다. 독서 체험은 어떤 책을 읽었느냐가 중요한 것이 아니다. 그 책을 읽게 된 계기, 책의 내용을 통해서 알게 된 점, 그 후 내 삶이 바뀐 점 등이 자세하게 나와야 한다.

	《이중나선》/ 제임스 듀이 왓슨 저
잘못 쓴 예	저자는 유전학자로서 DNA의 이중나선 구조를 규명해 1962년 노벨 생리의학상을 수상했다. 이 책에서는 동료 학자들이 치열한 경쟁과 이기적인 협력을 통해 과학적 업적을 이룩하는 과정을 실제에 근거하여 상세하게 설명한다. 또 인간 유전체 연구, 표적 항암제 개발 등 현대 유전자 공학과 새로운 의학을 태동시킨 위대한 발견이 유전학, 생화학, X선 결정학 등 인접 학문의 긴밀한 협력과 융합 절차를 거치면서 점진적으로 실현되는 과정을 가식이나 미화 없이 진솔하게 적고 있다.

위의 예시를 보면 책의 내용만 정리되어 있지, 이 책이 자신에게 어떤 의미로 다가왔는지에 대해서는 아무 설명이 없다. 이보다는 아래와 같

이 책을 읽고 느낀 점과 그 책으로 인해 내가 어떤 행동을 하게 되었는지를 밝히는 것이 더 중요하다.

잘 쓴 예	《살아 있는 동안 꼭 해야 할 49가지》/ 탄줘잉 저 이 책은 가치 있는 삶을 살기 위해 우리가 꼭 해야 할 49가지 일을 제시합니다. 49가지 일 중에는 쉽게 할 수 있는 것과 쉽게 하기 어려운 것이 있습니다. 그러나 대부분 본인 의지만 확고하다면 쉽게 실천할 수 있습니다. 그럼에도 많은 사람들은 이를 인식하지 못하고 인생을 낭비한 후 뒤늦게 후회하며 괴로워합니다. 제가 이 책을 읽고 유익하게 활용한 것은 '3주 계획으로 나쁜 습관 고치기'와 '설계하고 성취하기'였습니다. 이 두 가지를 실천하면서 저는 책상에 엎드려서 자던 습관을 고치고, 주변을 정리정돈하면서 학습 계획서 작성의 귀재로 거듭날 수 있었습니다. 이 책에 나오는 내용 중 '부모님 발 닦아 드리기'는 부모님이 돌아가시면 할 수 없는 일입니다. 어느 날 저는 교과서를 집에 두고 등교했습니다. 제 교과서를 들고 교실로 달려오신 어머니의 슬리퍼 사이로 작고 마른 발을 보았습니다. 어머니의 발을 보며 집에 가자마자 닦아 드려야겠다고 결심했지만, 쑥스러운 나머지 차일피일 미루다가 최근에야 어머니 발을 씻어 드렸습니다. 우리는 때론 작은 행동으로도 행복을 느낄 수 있으며, 우리가 사랑하는 이들을 감동시킬 수 있습니다.

② 책을 통해 전공을 드러내는 것도 좋은 방법 중 하나이다

독서 체험을 꼭 전공과 연결 지어야만 하는 것은 아니다. 그러나 독서 체험으로 인해 전공을 선택할 때 도움이 되었다면, 그것은 자기소개서의 중요한 소재가 된다. 특히 책에서 전공과 관련된 나만의 롤모델을 찾는 것도 방법이 될 수 있고, 전공과 관련된 지식을 넓히는 도구가 책이 되는 것도 좋다. 그러니 전공하려는 분야와 책이 연결된다면 그 책을 적극적으로 자기소개서에 밝혀 보자. 특히 그 책을 읽기 전과 후의 변화를 쓰면 좋다.

지원 동기와 지원한 분야를 위해 어떤 노력과 준비를 해왔는지 기술하세요.

① 약간의 나열도 좋지만, 구체성이 더 좋다

일단 질문의 핵심이 '노력과 준비'이기 때문에 이것을 충분히 설명하는 것이 좋다. 다시 말해 다른 항목과는 다르게 약간의 나열을 해 주는 것이 좋다. 그러나 요약은 짧게 하고, 나만의 노력이나 우수성을 보여줄 수 있는 '결정적 장면'을 보여 주는 것이 좋다.

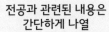

전공과 관련된 내용은 간단하게 나열 → 우수성이나 성실함을 보여줄 수 있는 결정적 장면 보여 주기

② 과거와 미래를 함께 적자

지원 동기는 지원하는 학교나 지원하는 학과를 선택하게 된 계기를 묻는 것일 수도 있지만, 명확한 동기가 없다면 억지로 연결할 필요 없다. 그보다는 이 학과에 지원해서 어떤 공부를 통해 어떤 일을 하는 사람이 되고자 하는지 포부를 밝히는 것이 더 좋다.

예) 나는 장차 _____ 이 되고 싶다. 그래서 나는 고등학교 때 _____을 했다.

③ 전공과 관련된 명확한 활동이 없을 때

일단 전공과 관련된 구체적인 노력과 준비가 있다면 명확하게 기술해야 한다. 예컨대 지원 학과와 관련된 분야의 독서 활동, 교과 과정 내에서의 관련 분야 학습 활동, 비교과 영역에서 관련 활동들을 소개할 수 있다면 좋다. 만일 그런 활동 내역이 없다면 다음의 3가지 방법 중 하나를 활용해 보자.

1. 의외의 경험에서 답을 찾을 수도 있다.

꼭 생활 기록부에 적혀 있는 것이 아니더라도 관심사와 관련된 독서 활동을 찾아보자. 때로는 짧은 시간에 그 분야에 대한 책을 읽고 그에 대한 생각을 적어 보는 것도 한 방법이 될 수 있다.

2. 학업에서 전공 적합성을 찾는다. 교과목은 전공 적합성의 토대가 될 수 있다.

전혀 예상하지 못한 학과에 지원하게 됐더라도 당황하지 말고 그 전공에 기초적인 도움이 될 수 있는 교과목을 찾아 그 과목을 얼마나 우수하고, 성실하게 수행했는가를 보여 주면 좋다.

실제로 문과 학생이 의대나 한의대에 지원하거나, 이과 학생이 경제 경영 분야의 학과에 지원할 때 독서와 학업을 잘 섞으면 좋은 자기소개서를 만들 수 있다. 문과 학생 중에서 의대를 가겠다고 다짐한 학생이 몇

명이나 되겠는가? 그러니 적을 것이 없다고 투덜대지 말고 일단 찾아
보자.

제 꿈은 한의학의 세계화에 앞장서는 한의사가 되는 것입니다. 그래서 저는
문과에서 배우는 것에 머무르지 않고 과학적 사고를 키우기 위해 노력했습니다.
특히 3학년 국어 시간에 '크로마토그래피의 원리'에 대한 지문을 읽은 후 지적 흥
미를 느꼈습니다. 그래서 간단한 크로마토그래피 실험을 직접 설계해서 혼합물
분리 현상을 관찰했습니다. 이 실험을 통해 이동 물질이 분필 같은 흡착제에 흡
착되는 정도와 용매에 의해 이동 속도가 달라지면서 분리가 일어나는 과학적 현
상을 직접 확인할 수 있었습니다. 또한 조사를 통해 크로마토그래피가 도핑 테스
트, 혈액 분리 등 여러 분야에 쓰인다는 것을 배웠습니다.

저는 생명과학 수업 시간에 성염색체와 감수 분열에 대해서 배우던 중 'YY 성
염색체도 존재할 수 있지 않을까?' 하는 궁금증이 생겼습니다. 며칠 동안 고민하
던 중 수업 시간에 염색체 비분리와 돌연변이에 대해서 배웠습니다. 문득 수업
시간에 배운 비분리를 응용하여 YY 성염색체를 설명할 수 있겠다는 생각이 들
었고, 감수 분열 중 비분리가 일어나는 과정을 직접 그려 결과적으로 YY 염색체
가 발생할 수 있는지 확인했습니다. 저는 과학 선생님께 제가 직접 그린 도식을
보여 드리며 이론적으로 가능한 YY 성염색체가 존재하지 않는 이유를 여쭤봤고,
YY 염색체는 생명의 기반이 되는 X 성염색체가 없으므로 수정이 되더라도 유산
하게 된다는 사실을 알게 되었습니다.

또 한의학 연구에 있어서는 한자 해석이 필수인 만큼 한문 학습에 최선을 다
했습니다. 수업 시간에 직접 배우지 않더라도 책에 소개된 한자들을 꾸준히 암
기했습니다. 또한 한시에 관심이 많아 오언율시를 찾아 읽었고, 한시에 쓰인 다
양한 표현법을 분석한 후 감상문을 작성했습니다. (후략)

3. 개념을 확장시키는 것도 좋은 방법이 될 수 있다.

예를 들어 몽골어과에 지원하는 학생이라 해도 그 전공을 위한 노력을 했을 가능성이 거의 없다. 몽골을 다녀왔거나, 몽골에 대한 책을 읽었을 가능성도 적고, 몽골과 관련된 학업은 더더욱 접하기 어려웠을 것이다.

이때 학생이 제일 먼저 생각해야 할 것은 다른 친구들도 나와 크게 다르지 않은 상황이라는 것이다. 만약 그런 상황의 경쟁이라면 조금이라도 전공과 유사성이 높은 학생이 자기소개서에서 더 좋은 점수를 받을 것이다. 그러니 '몽골'과 '몽골어'에 너무 집착하지 말자.

대신 개념을 확장해서 어학 능력이 뛰어난 인재임을 부각해 보는 것은 어떨까? 외국어 습득 능력이 뛰어나다는 것을 강조하는 것만으로도 전공 적합성에서 더 좋은 점수를 얻을 수 있다. 만약 세계사를 배웠다면 이를 확장해서 칭기즈칸 시대의 연구와 관련된 내용을 적는 것도 좋다. 이것을 전화위복으로 삼으면 상대적으로 남들보다 훨씬 뛰어난 자기소개서를 작성할 수 있다.

입학 후 학업 계획과 향후 진로계획에 대해 기술하시오.

① 미래는 현재의 나

일단 학업 계획과 진로 계획을 쓰라고 해도 '전공을 위한 노력'을 적는 것이 좋다. 위의 질문에 대한 답변을 서술한 후 학업 계획으로 내용을 확장해 서술하는 것이다. 예를 들어 고등학교 때 원자력에 관한 발표를 한 적 있다면 그것을 먼저 언급하고, 원자핵 공학과에 입학해서 이전에 발표했던 분야에 대해 더 연구하고자 한다는 식으로 전개하면, 전공 적합성도 충족하고 일관성도 높은 자기소개서가 완성된다.

> 저는 기숙사 환경이 학생들의 심리 상태에 어떤 영향을 미치는지에 대해 분석하고 관련 자료를 찾아보았습니다. 그런데 이 주제에 대한 자료가 많지 않았고, 어렵게 찾아낸 대부분의 자료가 영어로 되어 있어 남들보다 몇 배의 시간과 노력을 쏟아야 했습니다. 하지만 포기하지 않고 틈틈이 매달린 결과, 평소 당연하게 생각하고 지나쳤던 것들이 심리학적 관점에서 보았을 때는 새로운 해석이 가능하다는 것을 알게 되었습니다. 일례로 점호 집합 시간 등 학생들이 좁은 공간에 과도하게 밀집되는 상황이 반복되는 것을 관찰하고, 이를 생활 스트레스 증가의 원인으로 제시할 수 있었습니다.
>
> 저는 대학에 입학하면 '현대 사회의 공간이 인간 심리에 미치는 영향'에 대해 조금 더 알아보고 싶습니다. 아우슈비츠 수용소에 갇혀 있던 사람들이 죽음보다 더 참기 힘들었던 것은 '폐쇄된 공간에서 오는 절망감'이었다는 이야기를 읽은 적이 있습니다. 이러한 현대 사회에 '효율성'에 의해 만들어진 아파트, 주상 복합 건물, 빌딩 등이 사람 사이의 관계를 어떻게 삭막하게 만드는지 구체적으로 알아보고 싶습니다.

② 공부 계획과 인생 설계는 함께하자

학업 계획에서는 대학의 해당 학과의 전공 강의는 물론 교양 강의 등에서 내가 공부하고자 하는 것에 대해 일관된 목표로 서술하는 것이 중요하다. 또한 학업 계획에는 학과 공부만이 아니라 다양한 비교과 활동과 동아리 활동이나 여행 등의 계획을 포함시켜도 좋다. 진로 계획은 단순히 직업이 아니라 그 직업을 통해 이루고 싶은 것과 이를 위해 필요한 평생 학습 계획도 함께 고민해야 하며, 인생 전반의 스텝을 계획해 보는 것도 좋은 방법이다.

특히 수시 모집에 지원할 때는 모집 단위를 이해하고 자기소개서를 쓰는 것이 중요하다. 수시는 대학이 특정한 목적을 갖고 성적 외 여러 가지 지표를 통해 학생을 선발하는 것이다. 학과별로 모집하는 경우는 당연히 그 학과에 대한 관심과 적성을 가진 학생을 뽑는 것이 목적이다. 학부 단위로 모집을 하는 경우도 분명히 전공에 대한 소양을 본다.

그런데 대학이 원하는 인재상은 노력하는 인간형, 성실한 인간형, 인간성이 뛰어난 인간형 등 다양한 요소를 포함한다. 특히 학문 간의 통섭과 통합을 중요하게 생각하는 경향은 단순한 기능적 습득만을 원하는 것이 아니라 인문학적, 자연·과학적 소양도 요구한다. 그러니 단순하게 '지식의 체계'를 구성하는 것을 넘어서 일상의 범주까지 확대된 자기소개서를 만들어 보는 것도 좋다.

자신의 성장 과정과 가족 환경에 대해 기술하시오.

① 나의 배경은 곧 '나'

이 질문은 호구 조사를 하려는 것이 아니다. 성장 배경과 그를 통한 성숙 과정을 서술하는 문항임을 파악해야 한다. 그러므로 가족을 자랑할 것이 아니라 성격과 성품을 이루어 오는 데에 가정 및 배경이 영향을 미친 사건을 중심으로 기술하는 것이 좋다. 또한 어려운 환경이나 비극적인 불행을 감추려 하지 말고, 그 과정을 통해 깨달은 것을 드러내야 한다. 만약 특별한 환경에서 자랐다면 1. 특별함을 강조하는 방법 2. 환경이 나의 성장에 어떤 지적·정서적 도움이 되었는지를 밝히는 것이 좋다.

② 특정한 사례를 들어 내 배경의 단면을 보여 주자

공들여 성장 배경을 서술해도 그 내용을 읽는 사람에게 신뢰성 있게 전달하기는 힘들다. 신뢰성 있는 서술이란 '우리 가족은 성실하다'라고 서술하는 것이 아니라 '아버지는 회사에서 가장 먼저 출근하시는 분이다'라고 서술하는 것이다. 이 편이 훨씬 더 신뢰감을 줄 수 있다. 그러므로 구체적인 사례를 들어 이야기하는 것이 효과적이다.

다음 사례는 학생이 자기 가족의 '긍정성'을 강조하는 것으로, 직접 겪은 화재 사건에 대해 이야기하고 있다. 읽어 보면 누구라도 '긍정적인 가족'이라는 생각이 들 것이다.

우리 가족은 항상 긍정적으로 생각합니다. 예전에 우리가 사는 아파트에 불이 나 온 가족이 대피했던 적이 있습니다. 마침 퇴근하고 돌아오신 아버지는 "다친 사람은 없으니 그나마 다행이다"라고 말씀하셨습니다.

이후 복구공사를 하느라 한 달 동안 임시 거처에서 생활하게 되었는데, 그때 어머니께서 저희에게 "이렇게 텐트 생활하니 캠핑 온 것 같지 않니?"라고 하셨습니다.

이렇듯 아무리 어렵고 힘든 상황에서도 긍정적으로 생각하며 자랐기 때문에 어떤 문제가 생겼을 때 항상 긍정적으로 생각하려는 경향이 있습니다. (후략)

지원자의 삶에서 경험했던 가장 큰 위기와 좌절 상황이 무엇이었는지 설명하고, 그것을 극복하는 과정에서 새롭게 발견한 자신의 가치에 대해 기술하십시오.

① 누구나 겪는 위기는 위기가 아니다

대부분의 학생들은 비슷한 환경에서 자란다. 그래서 남다른 위기나 역경을 겪은 학생들은 많지 않다. 그러니 정말 큰 역경이라면 그 내용을 있는 솔직하게 적는 것이 좋다. 만약 그러한 역경이 없다면 억지로 짜내지 말고 사소한 것이라도 어떻게 극복했는가를 보여 주는 것이 중요하다. 이때 유의할 것은, '성적'과 같은 역경은 대부분의 학생들이 겪는 것이니 되도록이면 피하는 것이 좋다. 재수한 학생이 재수 경험을 역경으로 적는 것도 바람직하지 않다.

② '위기'보다 '성숙'이 중요하다

앞에서 이야기했듯이 역경의 종류와 크기는 중요하지 않다. 어떻게 역경을 맞이했고, 어떻게 극복했느냐가 더 중요하다. 그러므로 자기소개서를 구성할 때는 위기를 기회로 활용해 이를 통해 자신의 인격적 성숙이나 사회적 관계에 대한 이해의 폭이 넓어졌음을 제시하는 것이 좋다. 위기는 언제나 '나'를 이해하고 재발견하는 계기이며, 좌절의 상황은 새로운 도약과 발전의 계기가 될 수 있음을 기억하고, 삶에서 그러한 변화를 찾아 구체적으로 의미를 부여해야 한다.

🖋 분야별 전공 적합성 살리기

많은 학생들이 전공 적합성을 어느 정도 살려야 하는지 그 경계를 궁금해 한다. 결론부터 말하자면, 전공 적합성은 3H 중에서 가장 적은 비중을 차지한다. 실제로 전공 적합성과 무관한 자기소개서를 제출하고도 내신 성적이나 다른 비교과 활동이 좋아서 합격한 경우가 많다. 그런데도 학생들은 전공 적합성 부분에 관심이 많다. 심지어는 전공 적합성이 없으면, 원하는 학과일지라도 아예 지원하지 않는 경우가 있다. 그리고 어떻게든 전공 적합성을 끼워 넣어 자기소개서를 망치는 일도 생긴다.

일단 전공 적합성이 풍부하면 좋다. 자기소개서도 잘 쓸 수 있고, 다른 학생보다 비교과 부분에서 우위를 차지할 수 있을 것 같은 안정감도 든다. 실제로도 어느 정도 가점을 받을 수도 있다.

그런데 학생들이 생각하는 전공 적합성이 대학에서 생각하는 전공 적합성과 전혀 다른 경우도 있다. 전공 분야에 대한 책을 많이 읽고, 활동도 열심히 했지만, 지원하는 대학 측에서 낮은 점수를 받을 수도 있다. 대표적인 경우가 공학 계열에 지원하면서 수학 과목 내신이 좋지 않은 경우다. 아무리 다양한 활동을 해도, 아무리 공학 분야에 지식이 많아도, 대학은 수리적 사고 능력이 뛰어난 학생을 원한다. 그러므로 전공에 너무 매달리지 말고 전공 적합성의 어떤 부분을 강조할까를 미리 정하는 것이 좋다.

아래 내용은 분야별 전공을 정할 때 어떤 소재로, 어떤 방식으로 서술하면 좋은지 설명한 것이다. 단, 아래 내용이 무조건 들어가야만 하는 것은 아니므로 이 점에 유의하기 바란다.

전공 적합성이 적다고 판단될 때, 전공 적합성을 찾을 수 있는 부분

① 내신에서 전공 적합성을 찾는다

사실 대학이 수험생에게 바라는 전공 수준은 대학 학부생이나 대학원생 수준의 지식이 아니다. 일반적인 이해 혹은 전공에 대한 소양이다.

이 부분을 가장 잘 어필할 수 있는 것이 내신이다. 수리적 능력이나 이해력이 높다는 것만 확실히 보여줄 수 있다면 충분하다. 특히 수행 평가나 발표 등을 잘 이용하면 평소에 전공과 관련된 분야에 관심이 많았다는 것을 보여줄 수 있다.

② 다양한 활동을 통해 전공 적합성을 높일 수 있다

봉사 활동이나 동아리 활동, 혹은 발표 활동을 통해서도 전공 적합성을 살릴 수 있다. 주의할 것은 이런 활동들로 전공 적합성을 높이려는 학생들이 많은데, 이보다는 학업과 관련된 내신을 우선으로 두는 것이 오히려 전공 적합성을 높이는 데에 효과적이다.

③ 전공 적합성이 좋지 않다면 독서와 발표를 연결하라

실제 지원하려는 학과와 고등학교 교과 과정 사이에 관련성이 없다면 생활 기록부에서 참고할 것도 적고, 자기소개서에도 쓸 것이 없다. 이럴 때 가장 빠르고 간단하게 전공 적합성을 찾을 수 있는 것이 독서 활동이다. 전공과 관련된 독서를 하고 이를 발표한 경험이 있으면, 그것만으로도 충분한 전공 관련 스펙을 쌓을 수 있다.

④ 수상 경력은 전공 적합성을 강조할 수 있다

관심 있는 분야에서 동아리 활동을 열심히 한 것도 전공 관련 가점을 받는 요인이 될 수 있다. 이에 더해 그 분야에 우수성을 보인다면, 가점 받을 확률 역시 높아진다. 평소 전공 관련 분야 대회나 전공 관련 학업 경시대회에 성실하게 참여하면, 생활 기록부를 관리할 때 도움이 될 수 있다.

전공별 소재 선택 및 강조해야 할 부분

인문과학 분야

기본적으로 인문과학 분야에 지원할 때는 학생이 인문학에 관심이 있다는 것을 보여 주는 것이 중요하다. 이때 관련 동아리 활동 경력이 있으면 좋다. 관심 있는 분야와 성격이 다른 동아리 활동을 했더라도 관심 분야와 관련 있는 주제로 토론을 진행한 경험이 있다면 이것도 좋은 소재가 될 수 있다.

■ 문학 관련 학과

먼저 국어 관련 과목의 성적이 우수한가를 확인한다. 국어 시간에 발표했던 내용도 좋은 소재가 되고, 국어 과목에 대한 내신 성적 자체도 좋은 소재다. 또 문학 관련 독서 활동도 좋은데, 독서 감상문 제출 등의 능동적 활동이 추가되면 더욱 좋다. 백일장 수상, UCC 제작, 문학 관련 창작 활동은 학생이 직접 창작에 참여한 것이기 때문에 적극성이 더 도드라져 보일 수 있다.

■ 철학과

윤리 관련 과목의 성적이 우수한가를 확인한다. 일단 철학과의 경우에는 특별히 어떤 교과목이나 교내 활동으로 전공 적합성을 살리기는 힘들다. 따라서 독서 활동과 그 이후의 적극적인 활동(독서 감상문 쓰기, 발표 등)을 중심으로 관심 분야를 보여 주는 것이 좋다.

■ 역사 관련 학과

지원할 때 우선적으로 역사 관련 과목의 성적이 우수한가를 점검한다. 당연히 관련 과목의 내신 성적이 우수한 것이 좋은 소재가 되고, 한국사, 세계사 등과 관련된 활동도 좋다. 뿐만 아니라 답사를 다녀왔던 경험은 전공에 대한 적극성과 관심도를 잘 드러낼 수 있으니 자기소개서 소재로도 좋다.

■ 심리학 관련 학과

학업보다는 일상에서 전공 적합성을 찾는 것이 좋다. 공식적인 활동으로는 학교에서 진행하는 멘토링 활동에 적극적으로 참여한 것도 좋고, 자기소개서에 약간 비공식적인 일화를 적는 것도 한 방법이 될 수 있다. 특히 나에게 직접 멘토링이나 상담을 받은 친구가 긍정적으로 변화한 것도 좋은 소재인데, 문제는 아주 극적이지 않으면 진부한 소재가 될 수 있으니 주의해야 한다.

어문 분야

어학 관련 분야는 외국어 관련 과목 성적이 가장 중요한 요소로 작용할 수밖에 없다. 그러므로 성적 외 다양한 활동을 보여 주면 된다. 특히 독서 활동을 통해 그 나라의 문학을 접한 것에 대해 서술하는 것으로 전공 적합성을 높일 수 있다. 실제로 그 나라 언어의 문법 체계 등을 우리말 문법 체계와 비교해 보거나 문법 체계를 통해 각 언어 사이에 어떤 차이점이 있는지 언급하면 기초적인 관심은 충분히 보였다고 할 수 있다.

■ 영어 관련 학과

영어와 관련 있는 전공에 지원하려면 일단 영어 과목 내신 성적이 좋을수록 유리하다. 기타 어학과 관련된 활동이나 봉사 활동 중에서 통역·번역 봉사 활동도 좋은 소재가 될 수 있다. 꼭 어학이 아니더라도 환경문제나 난민 문제 등 국제적인 사안에 대해 적극적으로 고민하는 모습을 보여 주는 것도 좋은 소재가 된다.

■영어 외 어문학과

기타 어문학과에 지원할 때는 독서 등을 통해 그 나라의 문화에 관심이 있다는 것과 외국어 습득 능력이 뛰어나다는 것을 함께 보여 주면 좋다. 특히 우리에게 익숙하지 않은 외국어과에 지원하는 학생들은 관련 스펙이 없어서 걱정하는 경우가 많은데, 오히려 이 학과와 관련된 스펙을 가진 학생을 만나는 것이 더 드물 것이다. 그러니 외국어 습득 능력을 어필하는 것만으로도 충분하다.

교육 분야

교육 관련 분야에 지원하는 학생에게는 인성 문제가 중요하다. 그러니 협동으로 이룬 성과, 리더십으로 이룬 성과 등을 밝히되, 이때 지나치게 명시적인 표현들보다는 비공식적이더라도 인성을 드러낼 수 있는 내용들을 넣으면 좋다.

예를 들어 특정한 성과를 강조하는 것보다는, 반장이 된 후 친구들의 불만 사항을 잘 들어주었던 일화나 반 전체의 목표를 위해 대화로 타협하고 노력한 내용을 강조하면 좋다. 특히 다른 전공과는 달리 정서적 안정성을 살릴 수 있는 체육 대회나 합창 대회·합주 등도 좋은 소재가 될 수 있다. 또 봉사 활동의 일환으로 교육 활동을 한 것, 같은 반 친구들에게 멘토링한 것, 수업 시간에 적극적으로 발표에 참여한 것 등이 좋은 소재로 쓰일 수 있다. 특히 이 분야를 서술할 때에는 교육 이전과 이후를 극명하게 대비해서 이야기하면 나의 우수성을 보다 효과적으로 드러낼 수 있다.

■ 사범 계열 학과

사범 계열에 지원하는 학생이라면 교육 관련 내용과 전공 분야 관련 이야기를 함께 넣으면 좋다. 전공 분야의 뛰어난 학업 능력을 강조하는 것이 우선이고, 그다음 앞에서 언급한 교육과 관련된 경험을 언급하는 것이 좋다. 기본적으로 전공과 교육, 두 가지를 조화롭게 강조하는 것이 중요하다.

사회과학 분야

사회과학 분야에는 다양한 전공이 있어 학생들에게 인기가 많다. 특히 문과 학생이라면 생활 기록부에 사회과학 분야에 지원할 만한 소재역시 많다. 토론의 주제도 사회과학 분야의 이슈이고, 수업 시간에 시사적인 문제를 다루지 않은 날은 손에 꼽는다. 또 대부분 동아리 활동도 사회 문제에 관련된 것이 많다. 봉사 활동도 사회적인 문제에 대한참여라고 볼 수 있다. 사실 이렇다 보니 가장 쉽게 지원할 수 있는 전공분야처럼 보이지만, 반대로 가장 변별력 없는 자기소개서가 만들어질 수도 있다.

한 가지 팁을 이야기하자면, 똑같은 자기소개서에서 변별력을 줄 때 평소 관심 있었던 분야에 대해 쓰는 것이 좋다. 다른 전공 분야에 지원할 때는 지적 흥미와 같은 요소가 지나치게 구체적이면 오히려 작위적인 느낌이 드는데, 사회과학 분야에 지원할 때엔 오히려 구체적이고 적극적인 것이 좋다. 예를 들어 '사회 문제에 관심이 많다'보다는 '소수자에 대한 관심이 많다'라고 쓰고, 그 분야에서 활동했던 경험을 자기소개서에 쓰는 것이 좋다.

■ 정치외교학과

리더십을 발휘한 활동이 있으면 좋은 소재로 쓸 수 있다. 이러한 소재로 글을 쓸 때는 명목상의 직위를 강조하지 말고 나의 리더십을 통해 어떻게 공동체를 바꾸었나를 강조하는 방향으로 써야 한다.

외교 분야에 대한 관심도는 주로 국제적 문제를 중심으로 풀어 나가는 것이 좋다. 한 가지 문제를 정해서 스토리텔링을 만드는 것도 방법이다. 환경 문제, 기아 문제 등 일관된 방향으로 자기소개서를 작성하면 보다 합격률이 높아질 수 있다.

■ 행정학과

이 분야는 특별한 비교과 활동 내역을 만들기 쉽지 않다. 그러니 일단 사회탐구 전 과목에 걸쳐 우수한 성적을 거두었나를 확인해 보는 것이 좋다. 그리고 학교생활을 할 때 적극적으로 단체 활동에 참여했다거나, 리더십을 발휘했던 것도 좋은 소재가 된다. 특히 소외 계층과 관련된 봉사 활동을 했다면 이를 통해 전공 적합성을 살리는 방법도 있다.

■ 사회학과

이 학과의 경우 자기소개서에 들어갈 소재를 결정하는 방법은 행정학과와 같다. 내신, 동아리 활동, 봉사 활동 등을 활용해서 작성하면 된다. 사회 관련 이슈 외에도 문화, 인류를 연계한 전공이 있으므로 다양한 문화적 활동 역시 좋은 소재가 될 수 있다. 사회학의 경우 학문적 접근을 해서 발표를 하는 것도 좋지만, 사회적 이슈 해결에 직접 참여한 것도 매우 좋은 소재가 될 수 있다. 난민과 관련된 캠페인에 참여했다든지, 성평등을 주제로 하여 토론한 적 있다는 것은 지원자의 적극성을 보여 주기 때문에 차별화된 자기소개서가 만들어질 수 있다.

■ 언론·미디어 계열 학과

언론·미디어 계열 학과에 지원할 때 사회적 관심사에 대한 부분은 다른 사회과학 분야에서 채택한 소재와 크게 다르지 않다. 여기에 미디어 창작과 같은 활동이 있으면 이에 대한 내용을 자기소개서에 추가하는 것이 좋다. 특히 교내 방송반과 같은 활동은 자기소개서에 쓸 것이 많다.

다른 사회과학 분야의 자기소개서와 마찬가지로 활동 여부가 아닌 사건 위주로 구체적인 자기소개서를 쓰면 나의 특별함과 우수함을 더욱 강조할 수 있다. 예를 들어 'PD가 되고 싶다'라고 쓰는 것보다는 '동물의 삶을 이야기하는 다큐멘터리 PD가 되고 싶다'라고 쓰는 것이 다른 학생과의 차별성도 지키고, 자기소개서의 개성도 살아난다.

■ 사회복지학과

당연하게도 봉사 활동을 어필하는 것이 좋다. 그리고 생활 기록부에 있는 공식적인 내용에 의존하지 말고 나만의 에피소드를 찾아서 적는 것이 좋다. 예를 들어 봉사 활동을 700시간 한 내용을 빠짐없이 적는 것보다는 학교에서 3년 동안 장애인 친구의 가방을 들어준 사연이 훨씬 솔직하다. 사회 복지 관련 학과에 지원하는 학생은 대부분 봉사 활동에 관한 경험이 많으므로 남들과 비슷한 이야기를 쓰는 것보다 비공식적인 이야기를 찾아서 인성을 강조하는 것이 좋다.

경제·경영 분야

경제와 경영을 나누어서 생각하는 사람이 많은데, 두 분야를 접목해서 활동하는 것이 더 좋다. 무엇보다도 수학 과목 성적이 좋으면 유리할 수 있다. 그러니 만약 경제·경영과 관련된 활동이 없으면 수학과 관련된 학업 내용을 바탕으로 풀어 나가면 된다. 기타 동아리 활동, 연구 활동, 발표 활동은 대부분의 학생들이 비슷한 수준이니 기초적인 경영·경제 관련 책을 많이 읽었다는 것을 어필하는 것이 좋다.

■ 경영학과

대부분이 비슷한 비교과 활동을 가지고 있다면 조금 더 차별화할 수 있는 요소를 찾아보자. 창업 경험이나 마케팅 실험과 같은 적극적인 활동이 있다면 자기소개서에 쓸 내용도 풍부해진다. 만약 그런 것들이 없다면 학급에서 모금 활동을 주도한 경험이나 특정 프로젝트에 참여한 것들을 소재로 삼아도 된다. 단, 학생 스스로 리더십을 발휘해서 조정과 통솔을 잘 발휘한 사례여야 한다.

■ 경제학과

경제학과는 경영학과와 크게 다르지 않다. 경제학 수업을 들은 것도 소재가 될 수 있고, 경영 관련 활동도 좋은 소재가 된다. 이때 단순히 어떤 책을 읽거나 강의를 듣고, 연구를 했다는 소재보다는 활동적인 소재가 좋다. 소외 계층 봉사 활동을 하면서 빈부 격차에 대한 문제를 고민했다거나 경제적 이슈에 직접 참여해 활동했다는 내용 등은 매우 훌륭한 소재가 될 수 있다.

공학 분야

공학 분야에서 가장 중요한 전공 적합성은 수학 성적이다. 만약 수학 성적이 다른 과목에 비해서 우수하지 않다면 공학 분야를 선택하는 것이 불리할 수도 있다. 그런데 자기소개서에 수학과 관련된 내용을 강조하는 것이 그리 큰 힘을 발휘하지 못할 수도 있다. 왜냐하면, 대부분의 학생이 수학적으로 뛰어난 성취를 강조하기 때문이다. 그래서 공학 분야에서도 조금 더 구체적으로 장래 희망과 관련된 소재를 쓰는 것이 좋다.

예를 들어, 동아리 활동으로 AI에 대한 연구와 토론을 했다면 '무인 자동화 기술에 대한 개발자'를 장래 희망으로 두고 그에 대한 일관된 자기소개서를 작성하면 전공 적합성이 더 생생하게 드러날 수 있다.

■ 화학·신소재 공학

이 분야에 지원하는 학생은 일단 화학 성적의 우수함을 강조하는 것이 좋다. 생활 기록부의 동아리 활동과 학업 활동 중에서 지원자가 창의적인 아이디어를 낸 것을 중심으로 서술하면 된다. 화학적 발견 등 새로운 지식을 얻게 되었다는 내용은 자칫하면 식상한 자기소개서를 만들수 있다. 이런 내용은 오히려 기초 과학 분야에 지원하는 자기소개서에 강조하는 것이 좋다.

■ 도시·건축·산업 공학

이 분야에 지원하는 학생들은 자기만의 독창성 있는 경험, 활동 등을 강조하는 것이 좋다. 전공 적합성에 미술이나 사회과학과 관련된 경험이나 지식을 결합하면, 상대적으로 훌륭한 자기소개서를 만들 수 있다. 예를 들어 어떤 건축물을 짓겠다고 하는 것보다, 특정 계층의 특성(사회과학)을 파악하고, 그들의 동선이나 건강 등을 고려해서 구체적인 계획과 조사 결과를 언급하면 학생의 깊은 사고력과 독창성을 동시에 내보일 수 있다.

■ 생명·환경 공학

이 분야에 지원할 때에는 기본적으로 생물학과 관련된 활동들을 강조하는 것도 좋지만, 개성을 보여 주기 위해 환경과 관련된 부분, 유전공학과 관련된 부분들을 적절히 섞는 것이 더 좋다.

■ 기계·항공·조선 공학

이 분야에 지원하는 학생들이 자주 하는 실수 중 하나가 바로 '손재주'를 강조하는 것이다. 나쁜 소재는 아니지만 자칫하면 진부한 내용이 될 수 있다. 마찬가지로 보편화된 지식을 나열하기보다는 직접 참여한 활동과 그를 통해 스스로 조금 더 연구하고 싶은 분야를 구체적으로 보여 주는 것이 바람직하다.

반드시 합격하는 자기소개서 뚝딱 쓰기

■ 컴퓨터·전산·반도체 공학

이 분야는 수리적 능력을 가장 중요시한다고 볼 수 있다. 그러므로 학업과 관련된 부분을 강조하는 것이 좋지만 학업과는 동떨어져 자기만의 세계에 갇힌 학생으로 비치지 않게 조심해야 한다. 직접 프로그래밍하고, 모델링한 것들을 생생하게 밝히면 전공 적합성을 충분히 보여줄 수 있다.

동물·생명·과학 분야

요즘 학생들 중 농업이나 임업에 관심을 가지는 학생은 많지 않다. 생활 기록부는 온통 다른 분야에 관심이 있는 것으로 기록되어 있는데 자기소개서에서는 농업 분야에서 선구자가 되고 싶다는 식으로 포장하면 거짓으로 보일 수 있다. 그러니 너무 작위적으로 만들 생각을 하지 않는 것이 좋다.

■ 축산수의학과

동물을 사랑하는 마음이 조금이라도 있다면 이를 구체적으로 적는 것이 좋다. 하지만 그것이 없다고 해서 불합격하는 것은 아니다. 생물학에 대한 관심으로 자기소개서를 쓰는 것보다는 장래 희망을 언급하면 자연스럽게 전공에 접근하는 자기소개서가 될 수 있다.

■임업 관련 학과

자연을 좋아한다는 내용은 자기소개서를 평가하는 사람의 입장에서 볼 때 식상한 내용이 될 수 있다. 임업에 관련된 경험이 있으면 적고, 그 것이 없다면 마찬가지로 식물과 관련된 학업이나 연구 내용을 적거나 장래 희망을 보다 구체적으로 적어서 연결하는 것이 자연스럽다.

■농경제·식품 자원 학과

이 분야에서 활동한 경험이 있으면 가장 좋지만, 없으면 특정 활동에서 그 계기를 찾아보는 것도 좋다. 실제로 농업이나 식품 자원이 아니더라도 일상에서 접할 수 있는 것들이 있다. 과일이나 채소 브랜드들을 살펴볼 수도 있고, 봉사 활동 중 발생하는 식사 등의 사소한 문제에서도 찾을 수 있다. 이런 부분들을 놓치지 않고 계기로 삼아 미래 식품 자원을 고민했다는 방식으로 풀어보는 것도 한 방법이 될 수 있다.

기초 과학 분야

기초 과학 분야에 지원할 때는 정면 돌파 방식을 추천한다. 그 분야의 과목 성적이 우수하다는 것으로도 자기소개서는 충분히 어필할 수 있다. 그런데 대부분의 학생들이 해당 분야 과목 성적이 우수하기 때문에 차별성 있는 자기소개서를 만들기 위해서는 자기가 주도하거나 적극적으로 참여했던 활동을 강조하는 것이 좋다. 수업 중에 발표한 것, 연구 과제 등을 얼마나 적극적으로 수행했는지 서술한다면 조금 더 좋은 자기소개서를 구성할 수 있다.

이때 주의할 점은 기초 학문을 통해 어떤 응용 직업에 관한 일을 하고 싶다고 언급하면 기초 과학 분야에 지원하는 것보다는 응용 학문에 더 적합하게 보이기 때문에 학문 자체에 관심이 있어 보다 깊은 탐구를 했다는 것을 보여 주는 것이 더 좋다.

■ 물리학과

수학 성적이 우수하다는 내용은 당연히 들어가야 한다. 여기에 물리학과 관련된 탐구 내용을 더하자. 물리학적 지식보다는 일상에서 찾을 수 있는 내용과 연관시키면 자기소개서가 작위적이지 않고 자연스럽다. 예를 들어 날달걀과 삶은 달걀을 구분하는 실험에 물리학을 적용하고, 이를 통해 알아낸 사실을 정리하는 것도 좋다. 사실 수많은 물리학 이론들은 그 자체로도 매력이 있다. 하지만 이러한 지식의 나열은 많은 학생들이 활용하는 것이기 때문에 식상할 수 있다.

■ 화학과

화학과에 지원하는 학생들의 자기소개서는 우수한 학업 능력과 화학 관련 실험 내용이 대부분이다. 그래서 비슷한 자기소개서가 만들어지지만, 그러한 실험 과정에서 발생한 어려움을 어떻게 극복했는지 또는 어떤 아이디어로 그 실험을 성공적으로 마무리할 수 있었는지를 밝히면 보다 독창적인 자기소개서가 될 것이다.

■ 지구·천문학과

'어렸을 적에 별을 보며 느낀 낭만'이나 '지구에게 느끼는 고마움' 등이 자기소개서에 자주 등장한다. 이 학과에 지원할 때는 특정한 탐구를 목적으로 외부에서 한 활동들을 자기소개서에 서술하면 적극성이 강조된다. 단, 학교장의 승인을 받은 공식적인 활동이어야 한다.

■ 수학과

수학 성적의 우수성은 기본이다. 대부분의 지원자가 스스로 입증한 수학 공식 등을 서술하곤 한다. 그런데 이렇게 비슷한 자기소개서도 조금 더 독창적으로 만들 수 있는 방법이 있다. 수학 선생님과 함께 문제를 풀었던 경험, 수학 문제를 풀기 위해 적극적으로 정보를 검색했던 일 등 그 과정을 보다 생생하게 보여 주는 방식을 사용하는 것이다. 기본적으로 '수학 천재'라는 것만을 강조하는 것보다 정적인 수학을 동적인 활동으로 바꾸어 서술하는 것이 더 좋다.

■ 생물학·생명과학과

생물학과 생명과학과에 지원할 때에도 가급적 연구 활동을 강조하는 것이 좋다. 생물학 – 생명공학 – 의학은 유사한 유형의 비교과인데, 가장 기초 학문에 속하는 것이기 때문에 생활 기록부를 관리할 때에도 기초적인 연구 분야에서 우수한 학생임을 강조하는 것에 집중해야 한다. 일단 생물과 관련된 학업 성적이 우수하다는 것과 여러 가지 실험에 참여한 경험을 구체적으로 적는다. 마찬가지로 일상에서 실험하고 찾아낼 수 있는 내용이 보다 생생한 자기소개서를 만들 수 있다.

의·치·한의학 분야

지인의 사망에 충격을 받고 의료인의 길을 걷기로 결심했다는 식의 자기소개서는 매우 진부하다. 특히 친척 중에서 의학 관련 종사자가 있어 장래 희망을 정했다는 식은 개인 정보를 노출했다는 의심을 받을 수 있다. 또 이것은 그리 훌륭한 소재도 아니다. 일반적으로 이 분야를 지원하려는 학생들은 생활 기록부 관리에 신경을 쓴 학생들이기 때문에 자기소개서에서 전공 적합성을 강조하기보다는 인성적인 면을 강조하는 것이 차별성이 있다.

■ 의학·치의학과

의학 분야의 전공 적합성을 가장 잘 살리는 방법은 세부적인 장래 희망을 지정해 보는 것이다. 주의할 점은, 지원하는 대학에 그 분야의 연구가 전혀 없으면 역효과가 날 수도 있다. 정형외과, 흉부외과 등과 같이 특정 진료과를 언급해도 좋고, 미생물학, 생리학 등 특정 학문을 전문적으로 연구하고 싶다고 해도 좋다. 구체적인 장래 희망을 보여서 준비된 학생임을 보여 주면 더 좋다. 많은 학생들이 병원에서 봉사 활동을 하는 것이 필수라고 생각하는데, 이것은 필수 조건이 아니다. 그러니 다양하고 지속적인 봉사 활동을 통해 평소 헌신적인 내 인성을 잘 드러내는 것이 더 좋다.

■ 한의학과

의학에 대한 지식과 동양 의학과 서양 의학에 대한 차이점을 인지하고 있다는 것을 보여 주는 것도 좋다. 단, 이는 많은 학생들이 선택하는 소재이기 때문에 자칫하면 식상할 수 있다. 그보다는 한의학 수업을 들을 때 기초가 되는 한문을 열심히 공부했다고 어필하는 것이 유리할 수 있다.

■ 간호학과

간호학과의 자기소개서는 의학 분야의 자기소개서와 크게 다르지 않고, 다만 '인성'을 더 강조하는 것이 좋다. 조금 더 독창적인 면을 강조하자면 원만한 학교생활을 했다는 것, 인내와 끈기를 보여 주는 사례를 드는 것도 좋다. 결론적으로 '인성'과 관련된 부분은 다른 분야에 지원하는 학생보다 더 강조해서 써야 한다.

자유 전공/융합 전공/교차 지원

융합적 학문에 소질이 있음을 밝혀주는 것이 좋다. 이때 지원하는 전공에 우수한 자질과 능력이 있다는 것을 보여 주는 것이 좋다. 특히 문과 → 이과, 이과 → 문과로 진로를 바꾼 학생은 적극적이면서 긍정적으로 자기소개서를 작성해야 한다. 그리고 장래 희망에 관련된 항목을 쓸 때 먼저 융합적 학문이 필요한 직업으로 정한 뒤 자기소개서를 작성하는 것도 좋다. 예를 들어 공익 광고를 만들기 위해 행정학과 언론홍보학을 함께 공부하겠다거나, 집단 심리를 연구하기 위해 통계학과 심리학을 공부하고 싶다든지 하는 명확한 방향을 제시하는 것이다. 왜냐하면 자유 전공이라고 해서 '○○에 대해 자유롭게 탐구해보고 싶다'라고 쓰면 진로가 불투명한 학생으로 비춰질 수 있기 때문이다.

주의해야 할 점은 그 학과가 정말로 '자유로운 탐구 활동'을 위한 학과인지, 단순히 법학 관련 분야의 정원을 늘리기 위해서 만들어진 것인지 파악해야 한다. 현재 로스쿨 입학 요강에 따르면 법학과 출신을 일정

인원 이상 선발할 수 없다. 그러다 보니 대학에서 그에 대한 대안으로 법학과의 학과명을 자유 전공 학과로 바꾸어서 선발하는 경우가 있다. 그런 학과들은 오히려 법학에 대한 전공 소양을 강조하는 것이 좋다.

법학 계열

현재는 법학과가 사라진 대학교가 많다. 때문에 다른 학과에 지원하면서 자기소개서에 법학에 관련된 장래 희망을 기재하는 학생들이 있다. 실제로 법학 관련 분야에 대한 장래 희망을 밝힌다고 해서 불합격시키거나 불이익을 주지는 않는다. 그러나 지나치게 관련 없는 전공을 강조하면 감점 요소가 될 수밖에 없다. 변호사, 판사, 검사 등이 장래 희망인 학생들이라 할지라도 자기소개서에는 그 장래 희망보다는 해당 학과에 들어가서 어떻게 공부할 것인지 학업 계획을 강조하는 것이 바람직하다.

예체능 분야

예술·체육 고등학교에 재학 중인 학생이 예체능 관련 학과에 지원한다면 실기 능력과 우수성을 잘 밝혀주면 된다. 하지만 인문계, 혹은 상업계 학생이 예체능 계열에 지원하려면 전공과 관련된 고등학교에 다닌 학생과 비교해 활동 면에서 전공 적합성이 떨어질 수밖에 없다. 따라서 나의 우수성을 강조하기보다는 내가 우수한 결과를 얻기 위해서 어떤 노력을 했는지 그 과정을 생생하게 보여 주는 것이 좋다.

특히 학업이나 인성에 대한 부분을 강조하는 것도 한 방법이 된다. 또 예체능과 관련된 자질을 바탕으로 오케스트라 봉사 활동을 했다거나, 영정 사진을 찍어 드리는 봉사를 했다는 내용은 학생의 인성과 사회성을 잘 보여줄 수 있는 소재가 된다.

TIP_ 자기소개서 쓰기: 3단계

　　자기소개서를 쓸 때 생활 기록부에 기재되지 않은 내용을 적으면 안 되냐고 물어보는 학생이 많다. 사실 꼭 그런 것은 아니다. 왜냐하면 특정 사건을 설명하기 위해 생활 기록부 외의 내용을 넣어야 할 때가 있기 때문이다. 예를 들어 학교에서 하는 수행 평가는 당연히 기재해도 된다. 수행 평가를 잘하기 위해서 박물관을 찾아가고, 담당자에게 직접 연락을 하고, 답사를 가는 것은 분명히 교내 활동은 아니다. 그런데 이런 과정을 적지 않으면 수행 평가를 한 과정을 적을 수가 없다. 그러니 이런 외부 활동은 충분히 기재가 가능하다.

　　하지만 외부 활동을 강조하기 위해 쓴 의도가 두드러진다면 탈락 사유가 될 수 있다. 그러니 외부 활동 경험이 뚜렷하거나 정확하지 않으면 기재하지 않는 것이 좋다. 또 교내 활동 기록을 쓸 때는 결과에 대해 자랑삼아 쓰지 말고 겸손하게 써야 한다.

자기소개서 쓰기:

4단계

꽃에서는 향기가 난다.

향기가 없으면 조화일 뿐이다.

그러니 자기소개서에서도 향기가 나야 한다.

아무리 좋은 소재와 좋은 스토리보드를 만들었더라도

글을 잘 쓰지 못하면 좋은 자기소개서처럼 보일 리 없다.

그러니 최선을 다해서 자기소개서를 작성해야 한다.

자기소개서가 원하는 것은 좋은 '문장력'이 아닌 '진솔함'이다.

깔끔한 문장, 논리적으로 잘 연결되는 문장들이 지나치게 다듬어져 있으면,

꽃의 향기가 아니라 인위적인 향수 냄새처럼 느껴질 수도 있다.

그러니 '진심'을 생각하며 자기소개서를 써야 한다.

글쓰기와 점검하기

여러분은 내가 지금까지 설명한 과정을 잘 따라왔다.

이제 자기소개서 쓰기는 약 90퍼센트 정도 완성됐다고 볼 수 있다. 이제 직접 쓰는 일만 남았다.

사실 자기소개서를 쓸 때 가장 많이 공 들이는 단계가 직접 글을 쓸 때인데, 그럴 필요가 없다. 스토리보드까지 완성했다면 분량에 크게 구애받지 않고 쓰면 된다. 쉽게 말해, 일단 완성한 뒤에 분량을 조절하거나 내용을 조금씩 수정하면 된다. 그러니 자신 있게 써 보자.

다음 장의 글은 좋은 문장력을 보여주는 자기소개서가 아닌 '좋은 자기소개서'를 만들기 위한 주의 사항 10가지이다.

✒ 글 쓸 때 주의할 점 10가지

1. 중요한 것 먼저 쓰기

① 육하원칙을 지킨다

봉사 활동에 대한 내용을 적을 때 "저는 언제부터 언제까지 어디에서 어떤 봉사 활동을 했습니다"로 시작하는 것은 기본이다. 읽는 이를 잘 이해시키기 위해서는 당연히 기본적인 정보를 먼저 적어야 한다.

자기소개서를 쓰는 학생들이 많이 하는 실수 중 하나가 자기 머릿속에 있는 것을 제대로 설명하지 않고 생략하는 것이다. 그렇게 글을 쓰면 글을 다 읽고도 학생이 말하는 것이 어떤 활동인지 알 수 없는 자기소개서가 만들어질 수 있다. 또한 읽는 이마다 다르게 이해할 수 있으므로 항상 가장 기본적인 정보 정도는 밝혀야 한다. 그래야 읽는 이가 명확하게 이해할 수 있다. 그러니 꼭 육하원칙을 지켜 자기소개서를 작성해야 한다.

② 중요한 것으로 시작하자

육하원칙을 지켜 글을 시작하면 기본적인 정보를 줄 수 있다. 하지만 기본적인 정보를 넘어서는 놀라운 것이 있다면 그것을 맨 앞에 적는 것이 좋다. 여기서 중요한 것은 '내가 생각할 때 놀랄 만한 것'이 아니라, '제3자가 보기에도 놀랄 만한 것'이어야 한다. 그래야 읽는 사람의 눈이

번쩍 뜨인다. 내가 생각할 때 대단한 것이 아니더라도 문장만으로 이목을 끌 수 있다면 그것부터 적도록 하자.

어떤 학생의 자기소개서 첫 문장이 "저는 미국 대통령으로부터 상을 받은 적이 있습니다"로 시작하기에 깜짝 놀란 적이 있다. 글을 읽어보니 이 학생은 미국에서 1년간 공립 중학교에 다녔는데, 그 학교가 시범 학교로 선정되어 교내에서 과목 우수상을 받으면 미국 대통령 직인이 찍힌 상장을 준다는 내용이었다. 막상 읽어보니 그렇게 엄청난 상은 아니었지만, 어쨌거나 이목을 집중시키기에는 좋은 문장이었다. 실제로 이렇게 긍정적인 임팩트는 자기소개서를 읽는 내내 좋은 영향을 끼친다.

2. 지나친 나열보다 생생함이 중요하다

앞에서도 이야기했지만 나열하듯 적는 것은 생활 기록부의 요약에 지나지 않는다. 그것보다는 특정 사건을 구체적으로 적고, 그에 대한 느낌을 적는 것이 더 좋다. 비슷한 삶을 살아온 수많은 학생들 사이에서 개성을 표현할 수 있는 것이 바로 이 '느낌'이다. 그리고 대학은 학생들에게 객관적인 사실만을 원하는 것이 아니라 어떤 경험을 통해서 무엇을 얻었는지, 그리고 어떤 정신적인 성숙함을 얻었는지 등의 부수적인 내용을 함께 원한다.

예를 들어 "양로원에서 봉사 활동을 했다"라고 사실을 썼다면 그 뒤에는 반드시 구체적인 내용과 함께 그곳에서 무엇을 느꼈는지를 상세하게 설명해야 한다. 비단 활동뿐만 아니라 책을 읽은 경험, 특별한 기억 등 어떤 것을 선택하든 반드시 구체적인 설명과 함께 느낌을 적어 주자.

> 저는 고등학교 1학년 여름 방학을 거창에서 보냈습니다. 그곳에서 농촌 봉사 활동을 하면서 농민들의 고충을 알 수 있었습니다. 그리고 2학년 때는 행정 복지 센터에서 문서 정리를 했습니다. 생각보다 어려운 일은 아니었지만, 보람을 느꼈습니다. 또한 성지원에서 봉사 활동을 하기도 했고, 음성 꽃동네를 방문해서 수녀님들과 함께 어려운 이들도 돌보았습니다.

위의 학생은 상당히 많은 양의 봉사 활동을 했기 때문에 그 부분을 부각시키려는 의도가 있다. 사실 위에 적은 정도의 봉사 활동이라면 다른 학생보다 활동 실적 면에서 유리한 점도 있다. 그러나 이런 활동들은 이미 다른 서류에 기록되어 있다. 설사 적혀 있지 않더라도 이렇게 많은 활동을 그저 나열하는 것은 곤란하다. 중요한 것은 빠짐없이 적는 것이 아니라 대표적인 봉사 활동 한두 개와 그 활동을 통해서 무엇을 배웠는지를 적는 것이다.

고등학교 때 찾아갔던 음성 꽃동네에는 많은 지적 장애인들과 어르신들이 살고 있었습니다. 여러 언론을 통해 사람이 사람을 버리는 일이 종종 생긴다는 것은 알고 있었지만 막상 버림받은 이들, 그것도 임종을 앞둔 수많은 사람들을 직면하니 약간 충격적이었습니다. 저는 그곳에서 어르신들의 기저귀를 갈아 드렸는데, 뼈만 남아 앙상한 다리와 코를 쥐게 하는 악취는 자꾸만 제 손을 멈칫하게 만들었습니다.

그곳의 벽에는 '얻어먹을 힘만 있어도 그것은 주님의 은총이다'라는 말이 걸려 있었고, 그 말은 아무리 삶이 누추하더라도 생명이 있다면 그것만으로도 우리 모두가 가치 있는 존재라는 사실을 말해주고 있었습니다. 그때의 경험은 사회적 약자를 대하는 태도에 대한 사고를 정립시키는 데 큰 도움을 주었습니다.

어릴 때부터 지적 장애인으로 태어난 한 살 아래의 친척 동생을 보아 왔던 저는 몸이 불편한 사람과 가족으로 살아간다는 것이 결코 쉬운 일은 아니라는 것을 알고 있었습니다. 그렇다고 해서 꽃동네에 계시는 분들처럼 많은 사람들이 버려지는 현실을 용납할 수는 없었습니다.

저의 고민은 그곳에서 일하고 있는 수녀님이나 자원봉사자들의 모습을 보며 조금씩 풀렸습니다. 그분들은 도움이 필요한 꽃동네 주민들을, 그저 함께 살아가는 인간, 나와 같은 하나의 생명, 가족의 일부로 받아들이고 있었으며, 그들이 사회적 약자이기에 더더욱 일방적인 시혜나 우월 의식으로 가식적으로 대하는 것이 아니라 함께 살아가야 할 삶의 동지로 인식하고 공존의 방책을 모색하고 있었던 것입니다. 이런 모습을 보며 무엇보다 중요한 것은 사회 속에서 살아가고 있는 모든 사람들에게 인간적인 관심을 게을리하지 않는 것이라 생각했고, 그러한 관심의 심화를 통해 좀 더 많은 사람들의 삶을 깊이 있게 이해할 수 있는 계기가 되었습니다.

3. 긍정적으로 적자

같은 내용이라도 어떻게 쓰느냐에 따라 읽는 사람의 생각이 달라질 수 있다. 공부를 못하는 학생이 솔직하게 공부를 못했다고 밝히는 것보다는 공부보다 더 중요한 가치를 추구하는 데 시간을 보냈다고 강조하는 것이 좋다. 쉽게 말해, 되도록이면 부정적인 부분은 가리고 긍정적인 부분을 부각시키는 것이 좋다.

앞에서 '솔직하게' 적자고 했는데 이를 잘못 받아들이는 경우가 있다. 물론 단점을 솔직하게 드러내는 것은 좋다. 하지만 그 단점을 어떻게 극복할 것인지에 대한 내용이 없다면 차라리 쓰지 않는 편이 낫다. 굳이 거짓을 꾸며서 쓸 필요도 없지만, 불리한 내용을 쓸 필요도 없다. 한마디로 '거짓말을 하는 것'과 '말하지 않는 것'은 다른 것이다. 자기소개서에서 '거짓'은 필요 없다. 그러나 '말하지 않는 것'을 선택할 수는 있다. 어떤 기억이 '나'를 소개하는 데 불리하게 작용한다면 굳이 말할 필요가 없다. 그리고 불리한 내용일지라도 그것을 극복하고 이겨내려는 노력이 있다면 자기소개서에 기록하는 것이 좋다. 물론 그 극복 과정은 구체적으로 밝혀야 한다.

저는 조금 산만한 편입니다. 그 이유는 제가 다양한 분야에 관심이 많고, 항상 새로운 것을 추구하려고 하기 때문입니다. 이런 산만한 성격 때문에 곤란한 일도 많았지만, 학업 분야에서는 오히려 유용한 면이 많았습니다. 대부분의 문과 학생들은 과학 과목을 싫어하고, 이과 학생들은 사회 관련 과목을 싫어하는데, 저는 재학 중 과학 경시대회와 사회탐구 경시대회에서 모두 수상한 유일한 학생일 것입니다. 특히 알베르 카뮈의 《페스트》를 읽고 전염병에 대한 내용과 바이러스를 연관시켜 발표하고, 담임 선생님께 '앞으로 학자들이 연구해야 할 분야'라는 칭찬을 듣기도 했습니다.

저는 대학에 입학한다면 다양한 학문 간의 통섭을 목표로 전방위적 독서 활동을 하고 싶습니다. (후략)

위의 학생은 자신의 성격 중 단점을 적는 것처럼 보이지만, 오히려 자기만의 장점을 부각시키기 위한 수단으로 썼다. 그리고 그런 부분들을 전공 적합성과 연결시켜 장래의 학업 계획도 만들어 냈다. 이렇게 자기에게 불리한 진술을 긍정적인 내용으로 바꾸면 오히려 극적인 전환을 이끌어낼 수도 있다.

4. 재미있게 쓰려고 노력하자

똑같은 사실이라도 말하는 이에 따라 다르게 느껴지는 경우가 종종 있다. 그렇기 때문에 앞에서 같은 내용이라도 긍정적으로 쓰라고 강조한 것이다. 또한, 이왕이면 재미있게 쓰는 것이 좋다. 여기서 '재미'라는 것은 우스갯소리가 아니다. 바로 특별함, 즉 개성을 말한다. 대학 측에서 가장 싫어하는 것은 바로 천편일률적인 내용을 담고 있는 자기소개서이다. 그러니 개성이 드러나면 재미있는 자기소개서가 만들어진다.

사실 학생들이 처음 자기소개서를 쓰면 대부분 내용이 비슷하다. 왜냐하면 살아온 삶의 과정이 거의 비슷하기 때문이다. 그렇기 때문에 '숨결을 불어넣는' 과정이 중요하다. 같은 내용이라도 어떤 개성이 어떻게, 어디에 들어가느냐에 따라 하늘과 땅 차이가 될 수 있다.

다음의 자기소개서는 건축학과에 지원하는 한 학생이 쓴 것이다. 대다수의 학생들이 건축물들을 보고 어떤 감명을 받았다는 진부한 답을 쓴 반면, 이 학생은 등산 경험을 살려서 좀 더 생생하게 지원 동기를 꾸몄다. 이렇게 개인적인 일화, 재미있는 에피소드, 황당한 상상 등을 첨가해서 쓰면 개성 있는 자기소개서가 만들어질 수 있다.

저는 초등학생 때부터 아버지와 함께 한 달에 한두 번씩 꼭 북한산에 올랐습니다. 정상에 서면 서울의 전경이 한눈에 들어왔습니다. 어렸을 적에 본 서울은 분명 북한산의 품 안에 자리 잡은 형세였는데, 지금은 아무리 봐도 북한산을 포위하고 있는 건축물들이 주는 위협감이 더 강하게 느껴집니다. 그뿐 아니라 매연과 먼지에 휩싸인 건물들은 마치 핵전쟁 이후 죽음이 감도는 것처럼 보이기도 합니다.

저는 이런 모습들을 보면서 우리의 건축물이 어떻게 자연과 공존하며 아름다울 수 있을까 고민했습니다. 제가 이런 고민을 하면서 힌트를 얻은 건물은 감옥이었습니다. 인간의 자유를 제한하는 가장 억압적인 공간, 감옥이 어쩌면 서울에 필요할지도 모르겠다는 생각이었습니다. 뉴욕의 센트럴파크 공원 안에는 그 어떤 건축물도 지을 수 없도록 법으로 정해져 있다고 들었습니다. 우리 서울도 법을 정해 '그린 감옥'을 만드는 겁니다. 북쪽으로는 북한산, 남쪽으로는 관악산을 축으로 하여 숲과 공원으로 서울을 둘러싸는 감옥을 만든다면 앞으로는 삭막한 서울, 파괴되는 서울을 막을 수 있을 것입니다.

5. 억지로 전공과 연결시키면 감점 요인이 된다

모든 내용을 전공과 연관 지을 필요는 없다. 그렇게 쓰면 오히려 부자연스럽다. 그러나 이왕이면 한두 가지의 경험쯤은 전공과 연관 짓는 것도 좋다.

지금까지 이 글을 읽었다면 몇 편의 자기소개서는 경험을 그대로 적은 것이 아니라 전공과 자연스럽게 연결되도록 장치해 놓았다는 것을 알 수 있을 것이다. '독초'를 먹은 한 학생의 이야기도 생물학과에 적합한 이야기가 될 수 있었고, 부여에 살았던 학생의 경험은 역사학과라는 전공과 연결될 수 있었으며, 등산은 '건축'을 생각할 수 있는 계기가 되었다. 이렇게 구체적인 경험이 전공과 연결된다면 바람직한 자기소개서라 할 수 있다.

그러나 여기에는 주의할 점이 있다. 억지로 전공과 연결시키려고 하다가 내용이 진부해진다면 안 하느니만 못한 결과를 가져올 수도 있다.

진부한 자기소개서 예) 중학교 때 우연히 '물리학에서 가장 중요한 원리'라는 소개와 함께 '$E=mc^2$'라는 공식을 알게 되었습니다. 너무나 간단해 보이는 이 방정식이 가장 일반적인 질량과 에너지, 그리고 빛의 속도의 관계를 통해 '거의 모든 것'을 설명하고 있다는 설명에 저는 그 내용이 너무나 궁금했습니다. 그래서 저는 그때부터 과학 잡지와 인터넷 등을 통해 이 상대성 원리와 현대 물리학에 대해 조사해 보기 시작했습니다. 그러자 이전까지는 전혀 알지 못했던 새로운 개념과 내용들이 쏟아져 나왔습니다. 핵분열과 핵융합, 쿼크와 뉴트리노, 팽창 우주와 정상 우주 등. (후략)

위의 자기소개서는 물리학과에 합격하기 위해서 작성한 흔적이 역력하다. 설사 학생이 $E=mc^2$ 공식의 영향으로 지원 학과를 결정했다는 것이 사실이라고 할지라도 어느 한순간이 인생을 온통 뒤흔들었다는 식의 소설적인 발상은 읽는 이로 하여금 '사실일까?' 하는 의심을 갖게 한다. 어

떤 책이나 영화를 보고 전공을 선택했다는 직접적이고 단순한 이유보다
는 내가 이 전공을 선택하게 된 요인이 무엇이었는지 진중하게 고민하
는 자세가 필요하다.

6. 일관되게 쓰자

모든 사람에게는 양면성이 있다. 아무리 적극적인 사람이라 할지라
도 어떤 상황에서는 소극적일 수 있고, 평소에는 독선적인 사람도 어떤
순간에는 다른 이의 이야기에 귀를 기울이는 등 이해심 있는 모습을 보
일 수 있다. 그러나 자기소개서에 이러한 양면성을 드러내기에는 한계가
있다. 그러므로 일정한 분량으로 스스로를 표현하기 위해서는 성격이나
습관을 일관되게 쓰는 것이 중요하다. 특히 선후 관계 등의 내용에서 앞
뒤가 맞지 않다가 입학 관계자에게 발각되면 감점되거나 탈락할 수도 있
으니 일관성 있게 자기소개서의 내용을 구성하는 것이 바람직하다.

저는 '철학과 윤리' 과목을 누구보다도 좋아했습니다. 저는 시험을 잘 보기 위
해 교과서를 모조리 외우는 식의 단순 암기에 거부감을 느꼈습니다. 하지만 철학
은 누군가의 사상에 대해 이해하고, 이에 대해 적극적으로 궁금증을 해결해야 한
다는 점이 흥미로웠습니다. 수동적으로 하는 공부가 아닌, 능동적으로 지적 호기
심을 해결하는 '살아 있는 공부'를 하는 저 스스로를 보며 왠지 모를 뿌듯함이 느
껴졌습니다. 이에 누군가의 사상에 대해 배우는 것의 매력을 알게 되었고, 이렇
게 '의미 있고 살아 있는 공부'를 더 심도 있게 하고 싶어 철학과에 지원하게 되었
습니다.

제 꿈은 국제공무원입니다. 제 진로를 개척하는 과정에서 철학은 꼭 필요한 학문이라고 생각합니다. 국제 사회라는 무대에서 활동할 때 합리적인 사고방식이나 남들과는 다른 자기만의 가치관과 신념은 매우 중요한 요소로 작용합니다. 철학은 깊은 사고력과 논리적 탐구가 필요한 학문이기 때문에 이러한 자질을 갖추는 데 충분히 도움이 될 것입니다. 뿐만 아니라 철학을 공부하면 세상을 보는 시야가 보다 넓어지게 되는데 이 또한 국제공무원이 되기를 희망하는 저에게 중요한 바탕이 될 것입니다.

위의 학생이 쓴 자기소개서를 보면 철학과에 지원을 하는 이유와 장래 희망이 일치하지 않는다는 생각이 든다. 물론 국제공무원에게 철학이 중요한 덕목이라는 것은 맞는 말이다. 하지만 철학은 모든 직업의 바탕이 된다. 위 자기소개서는 지원한 학과와 생활 기록부에 적은 장래 희망을 억지로 맞추려다 일관성이 깨진 경우다. 이럴 때는 과감하게 둘 중 하나를 포기해야 한다. 장래 희망에 대해 언급을 하지 않거나, 아니면 하나에 초점을 맞춰 일관되게 서술하는 것이 바람직하다.

7. 과장과 거짓말은 쓰지 말자

3단계에 접어들면서 고민이 생긴 학생들이 있을 것이다. 1, 2단계를 거쳐 자기 모습을 여과 없이 드러냈지만, 막상 쓸 것이 마땅치 않은 경우다. 이럴 때 많은 학생들은 허위 작성의 유혹을 느끼게 된다. 사실 입시 컨설팅을 전문으로 하는 나 역시도 학생들과 대화를 하다 이 학생의 자기소개서에는 더 이상 쓸 것이 없고, 진부하지 않은 내용으로 글을 채우기 어렵겠다는 생각이 들면 차라리 속 편하게 몇 가지 내용을 만들어 주고 싶은 마음이 들 때도 있다. 그러나 자기소개서를 허위로 작성하는 그 순간부터 거짓말은 악순환의 고리를 만든다. 이런 유혹에 빠진다는 것 자체가 1, 2단계에 충실하지 않았다는 증거가 될 수 있다. 때문에 앞 단계에서 조금 더 깊이, 조금 더 많이 생각해야 한다. 그것이야말로 자기소개서의 가장 좋은 길잡이다.

실제로 거짓으로 자기소개서를 작성한 학생이 있었다. 이 학생은 중문과에 지원하면서 자기소개서에 루쉰의 《아침 꽃 저녁에 줍다》를 감명 깊게 읽었다고 적었다. 그러나 학생은 이 책을 읽은 적이 없었다. 이렇게 자기소개서를 제출하고 면접을 보러 갔는데, 하필이면 면접관이 그 책의 번역자였다. 이 학생은 호기심과 관심이 충만했던 교수의 질문에 제대로 대답하지 못하고 눈물을 흘리며 그 책을 읽지 않았다고 고백했다. 당연하게도 결과는 탈락이었다.

면접 없이 자기소개서만 제출하는 경우에도 거짓이 들어가면 어딘가 어색해지기 마련이다. 수백 편의 자기소개서를 읽는 담당자의 눈에 그런 어색함은 쉽게 드러난다.

8. 느낌은 생생하고 짧게

앞에서 반복했듯 나열만으로 글을 작성하는 것은 곤란하다. 아무리 많은 경험이 있더라도 그중 한 가지에 집중해 생생하게 적는 것이 중요하다. 특히 느낌을 적을 때는 그때로 돌아간 듯이 현장감 있게 적는 것이 좋다. 물론 글이 엉망이겠지만 나중에 꼼꼼하게 교정을 보겠다는 생각으로 보다 생생하게 적도록 노력해야 한다.

고등학교 2학년 때 반별 장기 자랑 시간에 우리 반은 탈춤을 하기로 결정했습니다. 제가 맡은 역할은 탈을 쓰고 춤을 추는 일이었습니다. 그런데 장기 자랑을 하기로 한 수련회 날이 가까워져 오자 조금씩 탈춤에 재미를 느끼게 되었고, 이왕이면 좀 더 수준 높은 공연을 하고 싶다는 생각이 들었습니다.

그래서 직접 인사동을 돌아다니며 탈과 옷을 구하고, 가까운 대학교의 탈춤 동아리에서 음악을 구해오는 등 열심히 뛰어다녔습니다. 다른 친구들은 시키는 대로 탈춤을 출 뿐이었지만, 저는 다른 부분까지 맡아서 처리했기 때문에 연습에 충실할 수 없었습니다. 그러나 탈춤은 혼자만 잘 추면 되는 것이 아니라 무엇보다도 모두의 동작이 일치하는 것이 중요했기 때문에 친구들과의 호흡이 맞아야 했습니다. 결국 수련회 전날까지 밤을 새우며 연습해서 간신히 무대에 설 수 있었습니다. 완벽한 무대는 아니었지만 다른 사람들 앞에서 무엇인가 해낼 수 있다는 게 즐거웠고, 잘 따라오지 못하던 저를 믿고 기다려준 친구들에게도 고마운 마음이 들었습니다.

탈춤을 배우면서 전통문화를 접하게 된 것도 의미 있는 일이지만, 무엇보다도 책임감의 중요성을 깨달았습니다. 그리고 공동의 목적을 이루기 위해서는 개개인의 노력이 필요하다는 것도 깨달았습니다.

위의 글을 읽으면 이 일을 겪은 이가 아니더라도 당시의 상황을 쉽게 알 수 있다. 그리고 그 과정을 통해서 어떤 교훈을 얻었는지도 쉽게 알 수 있다.

이 학생은 자기가 겪은 어려움을 생생하게 썼고, 자신이 깨달은 점을 간략하게 정리했다. 이렇게 생생하게 쓴 글은 비슷한 수백 편의 자기소개서 사이에서 '읽는 재미'를 느끼게 하기 때문에, 좋은 인상을 줄 수도 있다.

9. 구체적으로 결과를 설명한다.

자기소개서를 쓸 때 가장 많은 분량을 차지하는 부분은 바로 '목표 달성'이다. 여기에서 내가 노력한 과정을 보여 주고, 창의적인 아이디어를 제시하면서 목표를 달성하는 과정을 자세하게 기술하는 것이 좋다. 그런데 대부분의 학생들은 노력의 결과를 말하기 꺼리거나, 추상적으로 표현하곤 한다. 아무래도 자기 자랑을 하는 것 같은 느낌이 들어 노력과 결과에 대한 서술을 꺼리는 것 같은데, 과정에 비해 결과가 구체적이지 않으면 용두사미가 될 수밖에 없다. 열심히 하기 전과 후가 대비되어야 나의 우수성이 입증되지 않겠는가? 그러니 수상을 했다면 그 상의 이름을 구체적으로 적고, 내신 성적이 올랐다면 그 등급도 구체적으로 이야기하는 것이 좋다.

더 나아가 '객관적인 과장'도 좋은 방법이다. '전교생이 참여한 대회에서 가장 큰 상을 받았다'라고 쓰는 것이 단순히 '대상을 받았다'고 쓰는 것보다 낫다. 열심히 미적분을 공부한 과정을 적었다면 내신과 관련된 시험에서 '이후 미적분과 관련된 문제는 한 개도 틀리지 않았다'라고 적으면 더욱 확실한 결과물이 된다. 그러니 어떤 방식으로든 결과를 구체적으로, '객관적 과장'을 하라.

10. 문장은 짧게 쓴다

대학교의 입학 담당자는 수많은 양의 자기소개서를 읽는다. 따라서 글을 빠르게 읽는다. 이들에게 문장이 다시 문장을 꾸며주는 복문 구조는 고문처럼 느껴질 수 있다. 주어와 서술어를 따로 찾는 과정에서 피로도가 높아지면, 그 자기소개서를 꼼꼼히 읽고 긍정적으로 평가하기가 어려울 것이다. 따라서 유치하다고 생각될 정도로 짧은 문장을 쓰는 것이 좋다. 학생들은 짧은 문장이 볼품없다고 생각하는 경향이 있는데, 오히려 지식을 뽐내며 길게 쓴 문장에 거부감이 들 때가 더 많다. 왜냐하면 문장을 길게 쓰다 보면 관용구를 많이 쓰고, 내용을 과장할 수밖에 없기 때문이다.

무엇보다도 자기소개서는 작문 시험이 아니다. 의미만 잘 전달된다면 문장력은 문제가 되지 않는다. 따라서 조금 더 간결하게, 조금 더 쉽게, 조금 더 짧게 문장을 쓰는 것이 더 좋다.

수정과 점검하기

점검하기

지금까지 앞에서 알려준 단계를 거쳐서 자기소개서를 썼다면 이미 최고의 자기소개서가 만들어졌을 것이다. 그러니 편안한 마음으로 수정 단계에 돌입하자.

① 탈락 사유가 기재되어 있는가를 본다

3단계에서도 이미 언급한 사항이다. 외부 활동이나 외부 수상 실적은 적을 수 없다. 만약 이것을 적는다면 100퍼센트 탈락하게 된다. 그러니 이 부분을 먼저 점검해 보자. 특히 외부 활동인지 아닌지 판단하기에 모호한 사항은 지원하는 대학교의 입학처에 직접 물어보는 것이 좋은데, 대부분의 입학처에서 명확하게 답변을 하지 않는다. 그러니 욕심을 버리고 안전하게 그 내용을 삭제하자. 그리고 학교장 승인이 확실한 활동이라도 외부 활동 같은 느낌이 들면, 이 역시 삭제하자. 이외에도 학교명이 들어간 축제 등 출신 학교를 암시하는 내용을 기재하지 못하게 하는 대학교도 있으니 자기소개서 작성 시 제한 사항을 꼭 확인하자.

② 진부한 어휘를 사용했다면 고치는 것이 좋다

☐ 진부한 표현은 세련된 표현으로 고쳤는가?

☐ "~다"라고 문장을 정확하게 마무리했는가?

☐ 의문형, 감탄사, 느낌표, 청유형 문장을 사용했는가?

☐ '절대로', '정말로' 등의 과장된 수식어나 '전혀'라는 표현을 썼는가?

☐ '인생의 이정표가 되었다', '~학과에 대한 열정을 불러일으켰다', '장래에 교수(변호사 등)가 되는 데 큰 밑거름이 되었다' 등 객관적 사실이 아닌 나에게 유리하게 작용할 문장을 쓰지는 않았는가?

☐ 지나치게 긴 문장은 없는가?

☐ 반복해서 쓴 표현은 없는가?

③ 지나치게 추상적인 내용은 아닌지 확인한다

추상적인 내용은 읽는 이가 쉽게 이해하기 어렵다. 처음부터 자기소개서에 추상적인 내용을 적을 필요 없다. '나는 성실하다', '나는 적극적이다'라고 적는 것보다 성실하게 활동해 결과를 성취한 에피소드나, 적극적으로 참여한 활동을 적는 것이 훨씬 설득력이 있다. 그러니 자기소개서를 다 쓰고 전체적으로 내용을 검토할 때 증거가 뒷받침되지 않는 추상적인 내용이 있다면 그 부분을 아예 삭제하거나, 그 사실을 입증할 수 있는 구체적인 증거를 추가해야 한다.

④ 3H가 정확하게 들어 있는가를 본다

3H는 시작 단계부터 마지막 단계까지 지속적으로 점검해야 할 사항이다. 이 3가지 요소가 적절히 포함되어 있다면 더 이상 글을 고치지 않아도 될 만큼 이미 훌륭한 자기소개서를 완성한 것이다.

⑤ 작위적으로 연결하지 말자

자기소개서를 쓸 때 논리적으로 일관성을 가지는 것은 바람직한 일이다. 하지만 모든 사건을 논리적 순차로 정렬하는 것은 다소 비현실적이다. 활동 A, B, C, D를 시간의 흐름에 따라 나열하는 것만으로도 읽는 사람이 '이 학생은 A도 하고, B도 하고, C도 하고, D도 한 훌륭한 학생이구나'라고 종합적인 판단을 내릴 수 있다. 그런데 A를 연구하기 위해 B라는 책을 읽고, 이에 대한 호기심을 해결하기 위해 C를 작성해서 D를 발표했다고 하면 읽는 이는 오히려 '이런 활동을 고등학생이 했다고? 이런 연구와 프로젝트가 고등학생의 수준에서 실현 가능한가?'하고 의심할 것이다. 일관된 활동이 있다면 사실에 대한 서술만으로도 적극성과 우수성을 드러낼 수 있으니 걱정하지 말자.

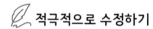 적극적으로 수정하기

✓ 핵심이 살지 않을 때

① 핵심을 드러낼 수 있는 제목을 붙여 보자

자기소개서를 다 쓰고 보면 너무 밋밋한 것이 아닌지 불안한 마음이 들 수 있다. 실제 활동도 많지 않고, 있다고 하더라도 그것이 눈에 띄지 않는다면 내 자기소개서 전체 분량의 개성을 의심하게 되는 것이다. 이럴 때 자기소개서에 개성을 불어넣을 수 있는 몇 가지 방법이 있다.

제일 먼저 제목을 붙여 보자. 제목을 붙이면 내용이 조금 지루한 자기소개서라고 할지라도 제목의 흐름을 따라가게 되어 쉽게 읽을 수 있다. 또 제목이 시선을 끄는 효과가 있어 강조하고자 하는 부분을 읽는 이에게 확실히 전달할 수 있다.

서울의 중심 광화문에서 통일을 말하다
저는 평소 통일에 관심이 많아서 통일과 관련된 활동을 했습니다. 그중 가장 기억에 남는 것은 통일 관련 설문 조사를 진행한 일입니다. 광화문에 가서 직접 외국인에게 설문 조사 내용을 통역해 설명하고, 우리나라 사람에게는 이 활동의 배경을 설명한 후 설문 조사를 진행했는데, 그 결과 많은 사람들이 통일을 원하고 있지만, 북한에 대해 잘 모르거나 잘못된 정보를 가지고 있다는 사실을 알게 되었습니다. 설문 조사에 참여한 사람들 중 대부분이 북한 이탈 주민과 직접 이야기를 나누어 본 적은 없지만, 그들과 함께하는 행사에 참여하고 싶다고 응답한 점에서 남북한 사람이 함께할 수 있는 행사가 필요함을 깨달았습니다.

뿐만 아니라 저는 동아리 활동으로 북한의 교육 실태와 남한의 통일 교육에 대해 연구했습니다. 통일 교육의 내용은 주로 남북한 간의 체제나 이념의 비교 위주로 서술되어 있을 뿐 북한 사회와 문화를 구체적으로 서술하지 않는다는 점과 정부에서 권장하는 통일 교육이 형식적으로만 이루어지고 있다는 점을 문제로 인식했습니다. 이를 극복하고 실질적인 통일 교육을 하기 위한 방안으로 북한의 사회와 문화에 초점을 맞춘 교과서 도입과 참여 프로그램 위주의 통일 교육의 활성화를 제안했습니다. 이후 지역 내 새터민 센터의 원활한 운영을 위해 남북한 주민이 함께 참여할 수 있는 프로그램을 기획하고, 봉사 활동을 통해 알게 된 것들을 바탕으로 지역적 특성을 고려한 통일문화축제를 기획했습니다. 그래서 통일부와 여러 기관에서 매우 좋은 평가를 받았습니다.

위의 학생은 일단 통일과 관련해 직접 경험한 활동을 잘 정리했지만, 특별히 강조할 부분이 없다는 문제가 있었다. 그래서 활동 중에서 가장 열심히 했던 것을 제목으로 뽑아 보았다.

나는 3개의 활동을 하나로 축약하고, 도입부에 활동을 나열한 뒤 후반부에서 다시 하나의 활동을 보다 구체적으로 서술하는 게 좋다고 조언했지만, 학생은 3가지 활동을 전부 적고 싶어 했다. 그래서 제목으로 자기소개서 전체에 임팩트를 주는 방식을 택했다. 평범했던 글에 제목을 붙이자, 학생의 자발성과 적극성이 빛나게 되었다.

② 인상적인 말을 앞에 넣는다

자기소개서는 육하원칙으로 시작하는 것이 가장 좋다. 읽는 이가 글의 주요 사항을 빠르고 쉽게 이해할 수 있기 때문이다. 하지만 우수성을 보다 강조하고 싶은데 그 우수성을 드러내는 활동이 공식적인 수상이 아니거나, 대학에서 그리 대단하게 생각하지 않을 가능성이 있다면 멋진 문장으로 강조하거나, 같은 내용을 반복해 서술했을 때 오히려 역효과를 낼 수 있다. 이럴 때에는 다른 사람의 말을 인용하면 어느 정도의 신뢰성이 생긴다.

"오늘은 자율 학습 안 하는 날이니?"

제가 병원에 가느라 평소보다 일찍 하교한 날 학교 보안관 아저씨께서 저에게 하신 말씀입니다. 저는 자율 학습에 빠진 적이 한 번도 없었습니다. 그리고 가장 늦은 시간까지 남아서 정리를 하고 가는 학생이었습니다. 그래서 매일 학교를 순찰하시는 보안관 아저씨와 마주쳤고, 보안관 아저씨는 저를 절대로 자율 학습에 빠지지 않는 학생으로 기억하고 계셨습니다. 그래서 제가 일찍 하교하는 날은 아예 자율 학습이 없는 것이 아닐까 하고 물어보신 것이었습니다.

③ 핵심이 되는 단어의 조합을 앞에 두자

앞의 두 경우처럼 육하원칙의 구성 방식에서 벗어나 내세울 만한 것을 축약해 글의 맨 앞에 두자. 어떠한 감탄사나 과장된 문장을 써도 강조되지 않던 자기소개서가 첫 문장의 변화만으로도 확연하게 살아날 수 있다.

18일의 희망. 저는 교통사고를 당해 병원에 입원한 적이 있습니다. 수술과 입원까지 총 18일을 병상에서 보내야 했는데, 하필이면 한 달 뒤에 기말고사를 봐야 했습니다. 만약 기말고사 성적이 좋지 않더라도 그동안 입원했었기 때문이라고 핑계를 댈 수 있었습니다. 그리고 그 핑계는 충분히 받아들여질 만한 핑계였습니다. 하지만 저는 그런 변명으로 떨어진 성적을 합리화하고 싶지는 않았습니다. 그래서 저는 입원하는 동안 실천할 학습 계획을 짰습니다. 18일 뒤에 말끔히 나을 다리처럼, 내 성적에도 날개를 달아야겠다고 생각했습니다. (후략)

✅ 분량을 고칠 때

① 지나친 나열은 하지 말자

자기소개서에서 나열이 필요한 경우는 거의 없다. 생활 기록부를 제출하지 않거나 생활 기록부에서 벗어나는 소재를 쓸 수 있다면 나열이 필요할 수 있다. 그러나 현재 자기소개서의 제약 사항 속에서는 그 어떤 나열도 생활 기록부의 반복 정리에 지나지 않는다. 따라서 노력으로 이룬 우수한 활동을 잘라내는 것이 아쉽더라도 분량에 맞지 않는다면 과감히 정리하자.

② 지나치게 감상적인 내용을 지우자

감상처럼 개인적인 요소의 분량이 많아지면 자기소개서가 지루해진다. 활동에 대한 내용 대신에 감상이 많은 분량을 차지하면 자기소개서가 빈약해 보인다. 따라서 활동에 대한 감상을 적을 때는 최대한 간략하게 적고, 활동에 대한 서술을 항상 우선으로 둔다. 또, 연구를 통해 알게 된 내용도 몇 줄로 요약하는 정도면 충분하다. 그 이상은 나를 과시하는 것처럼 보인다. 따라서 분량을 줄여야 한다면 이 부분을 우선순위로 하자.

③ 강조하기 위한 서술을 지우자

내가 얼마나 고통스러운 순간을 보냈는지 설명하기 위해 그 기억들을 구구절절 표현하면, 읽는 이는 감정에 이입하기보다는 이 글을 쓴 사람이 개인의 경험을 지나치게 절대화하고 있다고 받아들인다. 따라서 이러한 방식보다는 특정한 사건을 사실대로 설명하는 편이 읽는 이의 감정 이입에 더 도움이 된다. 특히 문학적 수사 등을 늘어놓는 것은 오히려 엄살처럼 보일 수도 있다. 그러니 단호한 표현을 쓰고, 그 내용을 강조하기 위해 특정 에피소드를 찾아서 적는 것이 더욱 효과적인 강조의 기술이다.

④ 결정적 장면은 남기자

퇴고 과정에서 많은 부분을 수정하거나 삭제하더라도 '결정적인 장면'만은 끝까지 남겨야 한다. '내가 이 정도로 열심히 했다', '내가 이만 큼 헌신적이다'라는 내용의 특정 사건을 보여 주면, 내가 했던 노력을 보여 주고 강조한다는 목적은 달성할 수 있다. 따라서 내용이나 느낌 또는 문학적 수사 등에서 분량을 조절하더라도 나만의 독특한 사건과 해결 과정이 들어 있는 내용은 남겨두어야 한다.

⑤ 육하원칙은 남기자

기본적인 설명을 이루는 부분은 남기자. 간혹 분량이 너무 많다고 이 것저것 삭제하고 수정하는데, 이때 자칫 뼈대를 이루는 내용을 삭제하 게 되면 겉보기에는 깔끔해도 글을 쓴 본인만 내용을 이해할 수 있는 자 기소개서가 되어 버리곤 한다. 그러므로 가장 기본을 이루는 내용에는 손을 대지 않는 것이 바람직하다.

✒ 나를 잘 아는 사람에게 보여 주기

자기소개서를 다 썼으면 나를 잘 아는 주변 사람에게 보여 주는 것이 좋다. 하지만 개인적으로는 너무 많은 사람에게 자기소개서를 보여 주 는 것은 만류하고 싶다. 글을 쓴 본인이 읽기에 어딘가 부족한 부분이 있 는 것 같아 여러 사람에게 자기소개서에 대한 객관적인 평가를 부탁하는 경우가 생길 수밖에 없다는 것은 안다. 그런데 그들이 '성심성의껏' 첨삭을 해 주는 것에서 문제가 발생할 수 있다. 읽어 보고 문제가 없으면 잘 썼다며 돌려주면 될 텐데 별다른 코멘트 없이 돌려주는 것이 민망해 굳이 한 가지씩 지적한다. 그런데 이런 평가가 잘 쓴 자기소개서를 망칠 수도 있다. 그들은 자기소개서를 평가하는 사람이 아니라 조력자일 뿐이다. 그러니 '조력'만 받겠다는 가벼운 생각으로 그들의 첨삭을 받아들여야 한다.

아래의 내용은 주변 사람들에게 자기소개서를 봐달라고 부탁할 때 주의할 사항들이다.

① 객관적으로 이해가 되지 않는 내용은 없는지 물어보자

자기소개서 첨삭을 부탁하면서 꼭 해야 할 말이 '이해되지 않는 내용이 있는지 봐주세요'이다. 문장이 거칠다거나, 너무 소극적이라는 피드백은 무시해도 좋다. 그들의 첨삭이 합격에 영향을 미치는 일은 많지 않다. 그러나 그들이 내용을 이해하지 못한다면 매우 심각한 일이다. 자기소개서는 나의 개인적인 경험을 쓰는 것이다 보니 나는 이해가 되더라도 글로는 제대로 설명하지 못할 때가 있다. 그러니 당연히 나를 잘 아는 주변 사람들이 읽고 이해하지 못한다면 나를 알지 못하는 입학처의 담당자도 이 자기소개서를 이해하지 못할 것이다. 그러니 이런 부분을 꼭 확인해 달라고 부탁하자.

② 부정적인 내용을 고치라는 말에 신경 쓰지 말자

주변 사람들에게 자기소개서 첨삭을 부탁하면 '이 내용은 너무 부정적인데?', '이건 너무 소극적인 것 같아' 등 부정적인 표현이나 태도가 담긴 내용을 고치라는 피드백이 돌아올 수 있다. 그런데 나의 경험을 바탕으로 쓴 자기소개서는 내 능력에 대해 소개하고 설득하는 것이 목적이기 때문에 부정적일 수가 없다. 왜냐하면, 작성할 때 부정적인 면을 필터링하고 드러내지 않으려고 하기 때문이다. 이 과정을 거친 후에 남아 있는 설명은 '솔직함'이나 '진솔함'으로 보여 장점이 될 수도 있다. 다시 말하지만, 자기소개서의 최종 목적은 좋은 글을 쓰는 것이 아니니 이런 첨삭에 신경 쓸 필요가 없다.

③ 부모님이나 선생님의 첨삭도 가급적 피하는 것이 좋다

대부분의 부모님들이 자녀가 쓴 자기소개서를 보고 싶어 한다. 그런데 문제는 부모님 눈에 자녀가 부족해 보일 리가 없기 때문에 부모님의 손을 거치면 자기소개서가 마치 영웅의 일대기처럼 되어 버리곤 한다. 그러니 나를 사랑하는 부모님, 선생님들에게 조언을 구할 때에는 앞서 말한 것처럼 이해가 되지 않는 부분은 없는지를 묻는 정도에 그치고, 처음에 쓴 자기소개서를 끝까지 밀고 나가는 것이 바람직하다.

입학 담당자들이 자기소개서를 읽는 이유는 학생들을 합격시키기 위해서가 아니라 요건에 맞지 않는 학생들을 떨어뜨리기 위해서이다. 때문에 검토를 할 때에는 냉정한 눈으로 읽어야 한다. 부모님이나 선생님이 해주는 따뜻한 조언은 도움이 되지 않는다.

④ 너무 많은 사람의 첨삭은 안 받느니만 못하다

많은 사람에게 자기소개서 첨삭을 부탁하면 모난 데라곤 하나 없는 인위적인 자기소개서가 완성된다. 거칠지만 진솔한 자기소개서는 사라지고, 신이라도 되는 듯 완벽한 사람의 자기소개서가 만들어진다. 심지어 모든 피드백을 받아들인 뒤에는 원래의 자기소개서가 더 좋다는 사람도 생길 수 있다.

자기소개서,
이것만은 명심하라

① 대필은 금물!

우선 자기소개서 대필은 불법이다. 도덕적인 이유만으로 문제가 되는 것이 아니다. 대필을 하려면 자기소개서의 주인공인 학생에 대해 잘 알아야 하는데, 그 짧은 시간 동안 한 사람의 인생과 가치관을 전부 파악할 수는 없다. 그러니 겉보기에 좋은 자기소개서를 쓸 수밖에 없고, 그런 자기소개서로는 당연히 좋은 결과를 얻을 수 없다. 특히 스스로 쓴 최악의 자기소개서와 돈을 주고 대필한 자기소개서의 점수에는 그리 큰 차이가 없을 것이다. 그러니 대필은 꿈도 꾸지 말자.

② 세상에 '더 좋은 자기소개서'는 없다. '더 좋은 인생'이 있을 뿐!

아무리 자기소개서를 고치고 또 고쳐도 눈에 차지 않는 이유는 살아온 인생이 자기소개서를 쓰기에 적합하지 않기 때문이다. 이제 막 대학교에 입학하려고 하는 학생들에게 비범한 인생사를 요구하지는 않는다. 그러니 뛰어난 자기소개서는 포기하고 솔직하게 나의 모습이 잘 드러난 자기소개서를 만들 생각을 하는 것이 좋다.

특히 합격한 선배들의 자기소개는 참고용으로만 사용하는 것이 좋다. 각자 살아온 삶과 배경이 같을 수 없기 때문에 어떤 형식으로 썼는지, 어떤 소재를 이용했는지 참고하자. 그리고 만약 그들이 합격한 이유가 자기소개서가 아닌 내신 때문이라면 애초에 이 자기소개서는 도움이 될 수가 없다. 그러니 다른 사람의 자기소개서를 참고할 생각을 버려라.

③ 3H가 잘 드러난 자기소개서

이 책의 목적은 학생들에게 3H의 중요성을 설명하고, 이를 잘 녹여낸 좋은 자기소개서를 써 원하는 대학에 갈 수 있도록 돕는 것이다. 이 3가지가 제대로 들어가 있다면 다른 사람의 조언에 흔들리지 말고 제출해라. 더 이상 좋은 자기소개서를 만들 수도 없고, 고친다고 더 좋은 점수를 받을 수도 없다.

④ 하지 말라는 것은 하지 마라

자기소개서를 쓰는 동안 온갖 유혹이 들 것이다. 과장을 하고 싶기도 하고, 거짓말을 보태고 싶기도 할 것이다. 하지만 거짓말은 어떤 식으로든 들통이 나기 마련이다. 자기소개서를 많이 읽으면 정직한 자기소개서와 가짜 자기소개서를 구분할 수 있으니 그들을 속일 수 있는 방법은 없다.

욕심도 버려라. 외부 스펙이 아무리 대단하더라도 이를 적는 것은 탈락 사유이다. 그러니 정해진 규칙 안에서 노력하고, 분량도 크게 넘치거나 부족하지 않게 정해진 만큼만 써라. 규칙을 지키는 것이 가장 안전하고 훌륭한 길이다.

⑤ 겸손하게 써라

자기소개서는 나 스스로 내 우수성을 드러내야만 하는 형식의 글이다. 이 우수성은 오히려 겸손함에서 나온다. 근거 없는 자랑은 도움이 되지 않는다. 그러니 나의 우수성을 뽐내고 싶다면 정확한 근거를 들어야 한다. 덧붙여 높임말로 쓰고, '착실하고 모범적인' 학생임을 강조하면 그 이상의 자랑을 덧붙일 필요가 없다.

⑥ 정답 대신 나만의 답을 써라

'감명 깊게 읽은 책을 쓰라'는 질문에 대한 답변으로 만화책을 써도 될까? 가능하다! 만화책을 예시로 들어 합격한 학생도 있다. 남들이 좋다는 모범 답안을 찾으려 하지 말고, 나를 가장 잘 드러낼 수 있는 내용으로 자기소개서를 채워야 한다. 그것이 설령 부끄럽고, 결함처럼 느껴질 수 있다. 그러나 그 부끄러움을 통해 더 나은 결과를 얻으려 노력하는

반드시 합격하는 자기소개서 뚝딱 쓰기

진실한 모습이 전달된다면 더 좋은 점수를 이끌어 낼 수 있다.

⑦ 자기소개서는 하루 만에 끝내라

종종 자기소개서에 너무 많은 시간을 허비했다는 학생들의 이야기를 듣곤 한다. 심지어 수시와 정시를 준비하며 몸에 익은 리듬마저 깨졌다고 하소연하는 학생들도 있다. 그런데 사실 자기소개서는 대학 입시의 아주 작은 부분에 불과하다. 길고 피곤한 입시 과정을 걸으며 자기소개서를 쓰느라 시간을 낭비할 이유가 없다. 자기소개서를 쓸 시간에 차라리 내신 점수를 올리고, 수능 공부를 하는 것이 낫다.

자기소개서를 쓰는 시간을 단축하는 방법 중 가장 좋은 것은 시작 단계에 많은 시간을 들이는 것이다. 생활 기록부만 보지 말고, 인생 전체를 돌아보며 나에게 큰 영향을 미친 사건을 신중하게 선택하고 정리하며 글을 쓴다면 시간을 아낄 수 있다. 쉽게 말해 평소에 스스로에 대해 고민하고 생각을 정리한 학생은 자기를 소개하는 글을 쓰는 데에 하루 이상 고민할 이유가 없다.

TIP_ 자기소개서 쓰기: 4단계

자, 이제 자기소개서에 대한 설명은 끝났다. 이제 이 책을 토대로 직접 자기소개서를 쓰면 된다. 잘 쓰겠다고 욕심내지 말고 가벼운 마음으로 편하게 쓰길 바란다. 처음부터 욕심을 내 딱딱하게 쓴 자기소개서는 나중에 고쳐 쓰는 것도 어렵다. 그러니 편하고 즐거운 마음으로 쓰고, 글을 다 쓴 뒤 친구들과 바꿔 읽어 보자. 또 숨겨진 자신의 모습을 보여주는 즐거움도 느끼고, 그에 대해 이야기를 함께 나누는 즐거움도 느끼자. 찍어낸 듯 반듯한 자기소개서를 만들기 위해 머리를 쥐어짜지 말고, 다소 거칠더라도 생생한 자기소개서가 완성되었다면 그것으로 만족하자. 낡은 것은 낡은 것대로, 미숙한 것은 미숙한 것대로 삶의 성실함과 우수성을 뒷받침하는 좋은 배경이 될 수 있다. 이렇게 개성 가득한 '진짜 나'를 보여줄 때, 나만의 가능성은 다른 어느 때보다도 반짝인다.

이제 틀에 박힌 '자기소개서'를 고민하지 말고 '나만의 자기소개서'를 만들어 보자.

부록

실전 자기소개서 쓰기

다음은 한 학생이 자기소개서를 완성하는 과정을 처음부터 끝까지 적어본 것이다. 이 예시를 가벼운 마음으로 따라 읽고 나서 이와 비슷한 과정으로 자기소개서를 작성하면 어렵지 않게 좋은 자기소개서를 만들 수 있을 것이다.

이 책을 읽는 많은 학생들은 주로 자기소개서를 어떻게 써야 할지 막막한 상황일 것이므로, 자기소개서를 쓰기 난감한 경우의 학생을 예로 들었다.

문과 학생이 이과 계열의 학과에 지원하게 된다면 아마도 자기소개서에 쓸 내용이 거의 없을 것이다. 그런 경우라도 좋은 자기소개서를 작성할 수 있다는 것을 보여 주기 위해 다양한 사례를 넣었으니, 자기소개서가 어떻게 완성되는지 잘 읽어 보기 바란다.

1단계

◉ 자신과 관련된 것을 자유롭게 적어 봅니다.

서울의 평범한 동네에서 태어났지.

아빠 고향은 경상도, 엄마 고향은 전라도야. 이게 생소한 일이었다는 사실은

고등학생이 되어서야 알았어.

우리 가족들은 여행을 좋아하고, 자유로운 편이야.

내가 철학, 과학, 수학 등 다양한 분야에 관심을 가질 수 있었던 것은 부모

님의 방임형 교육 방침 덕분인 것 같아.

동생이 공부를 못해서 부모님이 나에게 거는 기대가 큰 것 같아. 그런데도 입

시에 대해서는 전혀 개입하지 않으셨지.

내 경우도 만약 다른 집이었다면 이과 가서 의대에 진학하라고 했을 것 같

은데....... 사실 이과에 가는 게 더 나았을 것 같아. 3학년이 돼서 갑자기 한

의대를 생각하는 건 좀.......

우리는 강아지를 한 마리 키우는데, 이 경험이 내 책임감을 키워준 것 같아.

강아지를 데리고 산책할 때 뭔가 뿌듯한 느낌이 들거든.

아, 생각해 보니 '책임감'과 '자유로운 사고', 이게 진정한 나의 모습인 것 같다.

부모님이 맞벌이를 하셔서 할머니께서 나를 돌봐주셨어. 내가 중학교 때 할

머니가 암에 걸리셨어. 그때 얼마나 울었는지....... 그런데 암이 자연 요법으로

나았지. 너무 신기한 일이야. 아, 이것도 한의대에 지원하는 이유에 넣으면 좋을 듯한데, 너무 진부하려나?

중학교 때 수학을 잘했는데 그건 과외 선생님을 좋아했기 때문이야.

생각해 보니 그 덕분인지 고등학생이 되어서도 수학을 잘했네.

수학을 잘해서 태극기를 좌표 평면의 숫자로 표시한 적이 있어. 내가 생각해도 천재 같아. 수학 선생님께서도 그걸 보고 나에게 천재라고 하셨어.

과학도 잘했다. 일단 거부감이 없었어. 그러고 보니 과학 실험에서 조장도 했네. 그때 조장했던 친구들은 다 이과에 갔는데 나만 문과에 왔어.

그런데 내가 왜 문과에 갔더라?

아마도 내가 그 당시 철학이나 문학에 빠졌던 것이 아닐까? 뭔가 이과에 가면 재미있는 일을 못할 것 같다는 생각을 했던 것 같아. 난 창의적인 걸 좋아하는데 그런 건 문과에 많잖아. 여행과 같이 새로운 것을 경험하고, 새로운 정책을 만들고……

그러다 동양 철학에 관심을 가지게 되었고, 이것 덕분에 3학년이 되어서는 문과도 한의학과에 갈 수 있다는 사실을 알게 되었다. 그래서 3학년 때 한의 예과와 관련된 보고서를 급하게 작성하기도 했지. 그땐 너무 급했어 ㅠㅠ

아무튼 생각해 보면 동양 철학이나 한의학 두 가지 다 적성에 잘 맞고, 이과 과목도 잘 맞는 것 같아. 사실 그게 내가 내신이 좋았던 원인 중 하나야.

학교 대표로 중국에 다녀온 적이 있어. 그때 두만강을 보았는데 통일이 빨리 되었으면 좋겠다고 생각했어. 그걸로 통일 글짓기 대회에 나가 상을 받았는데, 솔직히 조금 가식인 면도 있었어. 통일이 반드시 되어야 한다고 생각하지는 않거든.

사실 나는 사회 정책을 연구하고 만드는 일을 하고 싶어. 그런데 그러려면 정치외교학과에 지원해야 하는데 내 성적에서 상향 지원을 하려면 철학과에 지원할 수밖에 없어. 게다가 문·이과 활동을 다양하게 했으니까 한의대도 한 군데 정도는 지원하고 싶어.

◉ **생활 기록부에 적혀 있는 것 중 자신이 내세울 만한 것, 독특한 것 등을 옮겨 적어 봅니다.**

■ 수학 경시대회에서 은상 수상.

■ 과학 과목 학업 우수상을 한 번도 빠지지 않고 받았네.

■ 통일 글짓기 대회에서 수상.

■ 과제 연구 프로젝트에서 기본소득제를 주제로 해 대상을 받았구나. 이건 정말 자랑할 만하지.

■ 이외에는 상이 별로 없네. 학교 활동 잘할 걸 ㅠㅠ.

■ 반장을 두 번이나 했어.

■ 장래 희망을 정책 연구가라고 적은 기록이 있는데 이건 한의학과와 관련이 없어 문제가 되지 않을까?

■ 친구들과 함께 한국과 중국의 문화를 비교한 적이 있었네. 아주 잘한 것 같지는 않지만 이 과제를 할 때 친구들끼리 갈등이 있었는데, 내가 주도적

으로 나서서 해결했지.

■ 역시 수학과 과학은 내신도 좋네. 수학은 모의고사 성적도 좋았어.

■ 학교에서 하는 인문학 콘서트 수업 중에서 동양 철학을 수강했는데, 정말 좋았어. 친구들은 별로라고 했지만. 이 수업에서는 이황, 이이 그리고 정약용에 대해 배웠다.

■ 멘토링한 것. 우리 반이 일 등을 했지.

■ 꾸준히 교육 봉사를 했는데, 내 담당이었던 아이가 별로였고 나도 이 활동에 대해서는 좀 후회가 된다.

■ 독서는 문·이과 분야를 가리지 않고 많이 한 편이야. 이 사실은 융합 관련 학과에 지원할 때도 도움이 되고, 이과 관련 학과에 가는 데에도 도움이 될 것 같아.

◉ 아래 사항을 읽어 보고 빠진 것이 있다면 필수로 적어 봅시다. 만약 위의 항목에 기재되어 있다면 표시만 해 두도록 합시다.

1. 가장 잘하는 과목은? (중복 기재 가능)

2. 내가 받은 상 중에 가장 자랑하고 싶은 상은?

3. 내가 받은 상 중에 가장 열심히 해서 받은 것은?

4. 학교 활동 중 가장 열심히 한 것은?

5. 봉사 활동 중 가장 두드러지는 것은?

6. 다른 친구와 같이 한 것 중 가장 성과가 좋았던 일은?

위에서 다 정리해서

별로 적을 것이 없구나.. ㅠㅠ

생활 기록부가 많이

빈약하네 ㅠㅠ

◉ **나에 대해 쓴 것이 많지 않다면 아래 질문 중 해당하는 것과 관련지어 적어 봅시다. 답변은 다 적지 않아도 됩니다.**

1. 나의 성장 배경 중에서 두드러진 것이 있다면?

2. 우리 가족에겐 어떤 특징이 있을까?

반드시 합격하는 자기소개서 뚝딱 쓰기

3. 나의 학창 시절에 일어난 일 중 가장 기억에 남는 일은?

4. 내 인생에 가장 많은 영향을 준 사람은?

5. 내가 다른 사람과 다른 것이 있다면?

6. 나의 장점은 무엇인가? 그 장점으로 인한 긍정적 결과는 무엇이 있을까?

7. 나의 단점은 무엇인가? 그 단점으로 인한 부정적 결과는 무엇이 있을까?

8. 나만의 특이한 경험이 있다면?

9. 대학생이 되면 하고 싶은 것은?

반드시 합격하는 자기소개서 뚝딱 쓰기

10. 나의 장래 희망은 무엇인가?

11. 전공과 관련해서 나는 어떤 재능이 있을까? 그리고 그 사례는 무엇인가?

12. 내가 살면서 가장 힘들었던 일은?

13. 감명 깊게 읽은 책, 영화 등은 무엇인가?

14. 인상 깊었던 장소는 어디인가?

15. 기타 다른 이들과 구분되는 나 혹은 내 주변의 특별한 점이 있다면?

반드시 합격하는 자기소개서 뚝딱 쓰기

16. 기타 기록사항

내게 가장 큰 영향을 주었던 사람은 할머니야. 할머니는 젊은 사람들과 이야기하는 것을 좋아하셨고, 정치, 경제, 문화 등에 관심이 많으셨어.

내가 다른 사람과 다른 것은 자유로운 영혼이라는 점이야. 수학과 철학을 모두 좋아하는 사람이 몇 명이나 될까? 만약 그런 사람들이 가는 학과가 있다면 날 좀 데려가 줘 ㅠㅠ.

내 단점은 뭐든 미룬다는 거야. 그래서 고등학교 3학년이 되어서야 장래 희망을 수정했지. 그런데 이런 성격 덕분에 뭐든 충분히 생각하고 실행한다는 것은 오히려 장점이 될 수도 있어.

2단계

◉ **1단계에서 적은 것을 토대로 다른 학생과 구분되는 '나'에 대해 추려 봅시다.**

1단계의 답변을 정리하면서 깨달은 건데, 나를 표현하는 키워드는 '책임감'과 '자유로움'이네. 이건 꼭 넣자.

책임감이 강하다는 것을 증명할 수 있는 경험 중 가장 대표적인 것이 '멘토링'이다. 이것도 반드시 넣을 것!

반드시 합격하는 자기소개서 뚝딱 쓰기

자유로운 성격을 증명하는 경험은 문·이과 과목들을 다 잘했던 것이니 이것도 한번 넣어 보자.

수학과 과학을 좋아해서 이 과목의 성적이 좋았던 사실을 적자.

과학 실험을 할 때 조장을 맡았던 것도 넣자.

하루도 빼먹지 않고 강아지를 산책시켰는데, 이건 너무 사적인가? 넣을지 말지 고민해 보자.

할머니의 영향을 많이 받았는데, 이것도 넣을 곳이 있을까?

◉ **나의 우수성/ 성실성/ 전공 적합성을 드러낼 수 있는 것들을 추려 봅시다.**

나의 우수성:

■ 이과 과목을 잘 한 것.

■ 과제 연구 프로젝트에서 '기본소득제'를 주제로 하여 대상을 받은 것.

■ 내게 멘토링을 받고 성적이 전교 최상위까지 오른 친구 이야기도 하자.

나의 성실성:

■ 기본소득제를 주제로 상을 받은 것은 성실성에도 포함될 만한 이야기니까 그런 결정적 장면을 넣어 보자.

■ 멘토링을 정말 성실하게 했으니 이때의 일 중에 성실성이 두드러지는 에피소드가 있으면 넣어 보자.

전공 적합성:

■ 과학 실험에서 조장을 한 것.

■ 읽은 책 중에 동양 철학이나 동양 의학과 관련된 것이 많다.

■ 한문과 중국어를 잘한 것도 전공 적합성으로 넣을 수 있지 않을까?

■ 암에 걸린 할머니가 자연 요법으로 완쾌한 이야기도 전공 적합성으로 넣자.

◉ 질문을 보고 답이 될 만한 것을 2단계의 내용을 바탕으로 채워 봅시다.

만약 쓸 만한 것이 없다면 1단계에 적은 내용을 다시 읽어 봅시다.

---

1. 고등학교 재학 기간 중 학업에 기울인 노력과 학습 경험에 대해 배우고 느낀 점을 중심으로 기술해 주시기 바랍니다.(1,000자 이내)

▶ 수학과 과학에 대한 흥미와 좋은 성적으로 우수성, 성실성을 강조하는 것이 좋겠다.

---

2. 고등학교 재학 기간 중 본인이 의미를 두고 노력했던 교내 활동을 배우고 느낀 점을 중심으로 3개 이내로 기술해 주시기 바랍니다. 단, 교외 활동 중 학교장의 허락을 받고 참여한 활동은 포함됩니다.(1,500자 이내)

▶ 500자 단위로 3개를 적어야 하는데 나는 경험이 빈약하니까 2개만 적고, 대신 내용을 조금 더 구체적으로 언급하는 것이 좋을 듯하다.

1. 동양 철학과 관련된 독서 체험과 한의학에 대해 발표한 것을 적자.

2. '기본소득제'를 주제로 상을 받은 경험은 나의 우수성을 드러내는 소재이니 꼭 넣어야지.

3. 학교생활 중 배려, 나눔, 협력, 갈등 관리 등을 실천한 사례를 들고 그 과정을 통해 배우고 느낀 점을 구체적으로 기술해 주시기 바랍니다.(1000자 이내)

▶ 멘토링한 것이 성실성과 우수성이 잘 드러나게 쓰면 좋을 것 같다.

교육 봉사는 딱히 기억나는 것이 없는데 넣을까 말까?

4. (선택) 지원 동기와 지원한 분야를 위해 어떤 노력과 준비를 해 왔는지 기술하시오.

▶ 노력한 것이 많지 않으니 학업 계획과 장래 희망을 조금 더 비중 있게 다뤄서 분량을 채우자. 어쩔 수 없다.

과학 시간에 조별 발표한 것을 넣자.

할머니와 관련된 대체 의학 이야기를 넣으면 좋겠다.

학업 계획과 장래 희망은 내가 읽었던 책과 인터넷 검색을 바탕으로 내용을 구성해 보자.

반드시 합격하는 자기소개서 뚝딱 쓰기

◉ 자신이 선택한 소재를 보면서 다음 요소를 고려하여 소재 수정을 해 봅시다.

☐ 3H가 잘 들어갔는가?

☐ 지나치게 진부한 소재는 아닌가?

☐ 생각 중심의 소재보다는 행동 중심의 소재로 구성했는가?

✍ 3단계

◉ 선택한 소재로 스토리보드를 만들어 봅시다.

■ 지금의 소재를 잘 설명할 수 있는 결정적 장면은 없을까?

■ 보다 인상적으로 구성할 수는 없을까?

■ 분량이 너무 많으면 줄이자. 한 가지 소재당 500자 내외의 분량.

■ 3H를 적절히 배분하자.

1. 고등학교 재학 기간 중 학업에 기울인 노력과 학습 경험에 대해, 배우고 느낀 점을 중심으로 기술해 주시기 바랍니다.(1,000자 이내)

▶ 수학 공부한 것 적자.

태극기를 좌표로 표현한 것은 참신한 활동이니 적자.

내가 수학을 잘하게 된 이유는 과외 선생님을 좋아하고, 수학 '개념'의 중요성을 이해했기 때문이야. 그것에 대한 사례를 넣는 것도 좋을 듯하다.

그다음 과학을 적자.

한 번도 과학 과목 1등급을 놓친 적이 없는 것은 내 우수성을 드러낸다.

개념 정리 노트를 꼼꼼히 만든 것은 나의 성실성을 드러낸다.

전공 적합성을 위해 생명 과학 시간에 배운 내용도 포함하자.

2. 고등학교 재학 기간 중 본인이 의미를 두고 노력했던 교내 활동을 배우고 느낀 점을 중심으로 3개 이내로 기술해 주시기 바랍니다. 단, 교외 활동 중 학교장의 허락을 받고 참여한 활동은 포함됩니다.(1,500자 이내)

▶ 일단 독서 활동을 통해서 한의학에 대해 알게 된 것들을 적어 보자. 그리고 3학년 때 한의학과 관련된 보고서를 작성한 것을 적어 보자.

인문학 콘서트에서 동양 철학에 대한 책을 읽었다.

인간과 자연과의 조화를 주장하는 동양 철학은 한의대에 지원하는 동기가 되었다.

'특정한 병을 치료하는 목적의 서양 의학과 달리 한의학은 조화로운 몸을 강조한다.'

이런 내용을 읽고 보고서를 작성했는데, 실제로 내가 생각한 한의학의 미래에 대한 생각이 많이 표현됐다.

첫째는 의학과 한의학의 갈등을 해소하는 방향.

둘째는 4차 산업 혁명 이후에 한의학이 나아가야 할 방향.

셋째는 한의학을 세계화하는 것.

이 3가지를 어떤 식으로 결론을 내렸는가를 적자.

3. 학교생활 중 배려, 나눔, 협력, 갈등 관리 등을 실천한 사례를 들고 그 과정을 통해 배우고 느낀 점을 구체적으로 기술해 주시기 바랍니다.(1,000자 이내)

▶ 2개의 특성. 자유로움과 책임감.

다른 문항에서도 자유로움은 계속 나오는데, 2번에서 나 혼자 연구를 했다는 내용을 넣지 않으면 책임감이 크게 드러나지 않을 것 같다. 여기서 책임감을 강조하자.

멘토링한 내용을 보다 자세하게 이야기하자. 배경도 이야기하고······.

그리고 멘토링을 한 방식에서 내 성숙함이 드러나게 하자.

멘토링 이후에 우수한 결과를 얻었다는 것도 언급해야지.

분량이 부족하면 간단하게 교육 봉사한 것도 언급하자.

4.(선택)지원 동기와 지원한 분야를 위해 어떤 노력과 준비를 해 왔는지 기술하시오.

▶ 지원 동기: 할머니 이야기.

노력한 것: 과학 조별 발표한 것 넣자.

중복되는 내용이지만 항상 과학 과목에서 1등급을 받은 것도 넣자.

한문이나 중국어 공부를 열심히 한 것도 넣자.

동양 철학을 공부하는 것도 노력으로 넣어야 하는데, 앞에서 언급했으니까 《동서철학의 만남》이라는 책에서 읽었던 내용을 정리해 보자. 동양 철학과 서양 철학의 차이. 동양은 본질을 보려 하고 서양은 현상을 보려 한다는 이야기를 넣으면 한의학과 연결이 되겠지. 이건 2번과 겹치는데 두 번 쓰거나 아니면 2번에서는 빼자.

학업 계획은 인터넷에서 자료를 찾아서 넣고, 장래 희망은 '한의학의 세계화에 앞장서는 한의사'로 잡으면 좋겠다.

◉ **글을 쓰기 전, 내가 만든 스토리보드 외에 유의할 점을 적어 봅시다.**

내가 처음부터 한의대를 지원하려고 했던 것이 아니기 때문에 분명히 지원 학과와 자기소개서를 연결시키기 위해 여러 방법을 쓸 것 같아.

하지만 그렇게 하면 글이 어색해지니까 과장되게 글을 쓰지는 말자.

스펙이 빈약하다는 콤플렉스를 내 스스로 너무 많이 가지고 있는 것 같아.

그런데 다른 문과 친구들도 마찬가지잖아? 그러니까 이과적 소양이 많다는 것만으로도 전공 적합성을 잘 드러낼 수 있을 거야.

그러니까 전반적으로 '분야를 자유롭게 넘나듦'이라는 장점을 강조해 보자.

 4단계

◉ **아래와 같은 내용에 유의하면서 직접 글을 써 봅시다.**

■ 분량은 생각하지 말고 스토리보드를 따라간다는 생각으로 편하 게 작성합시다.

■ 육하원칙을 지켜 글을 쓴 후 스토리보드에 작성한 내용을 적어 봅 시다.

■ 문장을 짧게 씁시다.

1. 고등학교 재학 기간 중 학업에 기울인 노력과 학습 경험에 대해, 배우고 느낀 점을 중심으로 기술해 주시기 바랍니다(1,000자 이내)

고등학생이 되어 배우는 수학은 중학생 시절에 배웠던 것과는 다른 내용과 방식의 공부라는 것을 실감했습니다. 그래서 개념 공부의 필요성을 느껴 개념을 정리한 공책을 만들어 기초를 단단히 다지고자 했습니다. 수업 시간에 배운 내용을 복습하는 동시에 문제를 같이 적으며 개념이 어떻게 적용되는지를 알 수 있었습니다. 1학년 때는 부등식 영역을 응용해 태극기의 문양을 좌표 평면 위에 그래프로 직접 그려 보았습니다. 이렇게 하면서 조금은 지루하게 느껴졌던 개념 공부에서 즐거움을 찾을 수 있었고, 어렵더라도 끈기를 가지고 문제를 푸는 습관을 기를 수 있었습니다. 또 2학년 때는 무한 급수의 내용을 정리하고 선생님이 내주신 무한 급수의 수렴과 발산의 관계에 관한 문제를 귀류법을 사용해 증명해 보았습니다. 그러자 극한의 개념을 이해하고, 이전에 배웠던 내용과 문제를 연결 지어 푸는 연습을 할 수 있었습니다. 이런 과정을 통해 다양한 개념들을 적절하게 응용할 수 있어야지만 풀 수 있는 문제들을 보며 개념 공부의 중요성을 실감했습니다.

이러한 학습 방법은 과학을 공부할 때도 많은 도움이 되었습니다. 과학을 공부하면서 가장 중점을 둔 부분은 개념 학습을 바탕으로 여러 반응 및 다양한 방법이 도출되는 과정을 이해하는 것이었습니다. 기초 지식을 바탕으로 탄탄한 기반을 마련하기 위해서는 제대로 된 개념을 아는 것이 중요하다고 판단했습니다. 그래서 과학 공부를 할 때 수업을 통해 기본 지식을 습득하고, 복습을 통해 배운 내용에 대한 심화 학습을 했습니다. 그리고 이를 위해 저만의 개념 노트를 만들었습니다.

수업 시간에 이해가 잘 되지 않는 내용은 문답 형식으로 만들어 선생님께 여쭤보았고, 이를 개념 노트에 옮겨 따로 정리하였습니다. 특히 생명 과목을 공부할 때는 체세포와 생식 세포의 분열 과정을 쉽게 공부하기 위해 분열 과정을 그림으로 그려 구체화 및 체계화시켰습니다. 이러한 공부 방식으로 2년간 한 번도 과학 교과에서 1등급을 놓친 적이 없었습니다.

☞ 잠깐!

적고 싶은 내용을 나열하다 보니 지나치게 생각만 썼다.

스토리보드에서 생각했던 내용 중에 글에 적지 못한 것이 많고, 강조해야 할 부분도 강조되지 않았다.

전공 적합성이 너무 드러나지 않는다. 과감히 빼고 다른 문항에서 강조하자.

---

2. 고등학교 재학 기간 중 본인이 의미를 두고 노력했던 교내 활동을 배우고 느낀 점을 중심으로 3개 이내로 기술해 주시기 바랍니다. 단, 교외 활동 중 학교장의 허락을 받고 참여한 활동은 포함됩니다.(1,500자 이내)

제가 한의학에 관심을 가지게 된 것은 교내 '인문학 콘서트' 강좌를 듣고 난 뒤, 동양 철학에 대한 호기심이 생겼기 때문입니다. 그래서 동양 철학 중 이황의 《성학십도》를 읽고 성리학을 형이상학적 지식의 탐구를 위한 학문이 아닌, 실생활에 동양 철학을 적용해 사람들에게 도움을 줄 수 있는 한의학에 관심을 가지게 되었습니다.

저는 이 책을 읽으며 한의학의 미래를 3가지 측면에서 보았습니다. 첫 번째로, 한의계와 의료계 사이의 갈등 조정과 상호보완적 관계로의 발전이 필수적이라고 생각해 두 입장이 어느 쟁점에서 대립하고 있는지 사례를 조사했고, 중국과 일본에서 어떻게 협진이 이루어지는지 알아봤습니다. 두 번째로, 한의학 분야에서의 인공 지능 기기 및 시스템의 역할에 대해서 조사했습니다. 저는 인공 지능의 사용과 더불어 한의학의 표준화와 정형화된 데이터 구축이 필요하다고 생각했습니다. 마지막으로 한의학의 효과가 실험을 통해 증명되었다는 사실과 외국인들의 긍정적 인식을 확인했습니다. 이 활동을 통해 한의학과 의료계의 협진, 세계화와 표준화가 조화롭게 어우러질 때 한의학이 궁극적 목표인 생명 살리기에 다가갈 수 있으며, 제가 그 길에 앞장서고 싶다는 생각을 했습니다.

또, 2학년 때 사회문화 시간에 기본소득제와 관련된 영상을 시청한 후 실험을 통해 사회적 불평등의 해결 방안을 만들어 보기로 결심했고, 6개월에 걸쳐 사회 구조 실험을 고안했습니다. 이 실험으로 교내 주제 탐구 대회에서 대상을 수상할 수 있었습니다.

피라미드형 구조를 상, 중, 하로 나누어 20명의 실험 참가자들에게 임의적으로 부여하고, 계층에 따라 차등적 소득인 '코인'을 지급해 소비와 노동 등 가상 사회 활동을 했습니다. 저희는 《스웨덴 패러독스》에서 소개한 고부담 고복지 정률 조세 제도를 실험에 적용했습니다. 저희가 세운 가설은 '스웨덴의 고부담 고복지 제도의 도입이 실험 내의 경제적 불평등을 완화할 것이다'였습니다. 하지만 예상과는 달리 계층에 따라 노동의 강도와 임금 수준의 격차가 커져서 조세 제도가 도입되어도 불평등은 거의 완화되지 않았습니다. 가설이 틀린 후 사회적 불평등 해소는 제도뿐만 아니라 사회 환원에 대한 인식과 사회적 책임감에 기인한다는 것을 깨달았습니다.

2차 실험에서 사회 환원을 장려하는 체계적 시스템을 구축하여 도입했더니 상위 계층이 사회 환원 시스템에 적극적으로 참여함으로써 재분배 효과가 커졌고, 사회 구조가 다이아몬드형 구조로 바뀌어 불평등이 완화되었습니다.

저는 이 실험을 통해 실패의 중요성을 깨달았습니다. 실패 요인을 분석하는 과정을 통해 사고를 확장시켜 인식과 패러다임의 변화에서 사회적 불평등 해소 방법을 찾을 수 있었습니다. 또, 수치의 기록과 행동 분석 및 면접에서 도출한 결과를 바탕으로 창의적 해결 방안의 모델을 제시하며 모델링의 중요성을 배웠습니다. 이 경험을 토대로 앞으로 전략 및 정책을 수립하거나 새로운 도전을 할 때 보다 현실성 있는 전략을 세울 수 있을 것입니다.

☞ 잠깐!

액션은 적고, 생각이나 지식은 너무 많다. 성실성과 우수성이 드러날 만한 결정적 장면이 부족한 것 같다. 두 활동 모두 액션을 가미해야 할 것 같다. 기본소득제에 대한 활동을 서술할 때는 우수성을 더 강조해야 한다. 그 우수성을 어떻게 보여줄 수 있을지 고민해 보자.

2번은 분량이 충분할 듯하니 동양 의학의 특징을 4번에 넣자.

3. 학교생활 중 배려, 나눔, 협력, 갈등 관리 등을 실천한 사례를 들고 그 과정을 통해 배우고 느낀 점을 구체적으로 기술해 주시기 바랍니다.(1,000자 이내)

2학년은 제 인생의 변환점 같은 시기였습니다. 다양한 활동을 하는 과정에서 깨달은 점이 많았습니다. 특히 기억에 남는 것은 학습부 활동입니다. 1학년 때 학습 도우미 역할을 하면서 보람을 느껴 2학년이 되자 자진해서 학습 부장으로 활동했습니다. 저만 의욕이 넘치는 게 아닐까 걱정했지만, 다행스럽게도 같은 부원들 모두 의미 있는 활동을 하고 싶어했기에 단체 채팅방을 통해서 항상 의견을 활발히 공유하며 활동 방안을 모색했습니다. 그렇게 일상적으로 논의를 하며 면학 분위기를 만들고, 시험 관련 정보를 빠르게 수집해 반 친구들에게 정보를 공유하는 등 세심하게 노력했습니다. 그러나 즐겁게 공부하기 위해 가장 중요하게 생각한 것은 멘토-멘티 관계의 도입이었습니다. 성적이 좋은 친구들을 중심으로 적극적으로 공부하고자 하는 다른 친구들과 짝을 맞춰 서로 가르치면서 배우고, 배우면서 성장하는 모둠을 만들자고 격려했습니다. 저 역시 과학 과목의 멘토로 활동했고, 내신 비중이 큰 영어 교과 역시 멘토링을 담당했습니다.

학습부가 주도적으로 함께 하는 학습의 체제를 만들자 다른 친구들도 저희를 신뢰하고 필요한 것을 부탁하거나 도울 수 있는 것들을 찾기 시작했습니다. 프린터가 없어 학교 홈페이지에 올라와 있는 전년도 기출 문제들을 공부하는 데 어려움을 겪는 친구가 있는 것을 보고, 각자 학습 자료를 준비하는 대신 학급에서 일괄적으로 출력해 나누어 주는 게 어떻겠냐는 의견을 내고, 친구들의 의견을 수렴하고 빠르게 실행했습니다.

결국 시험이 끝난 뒤 저희 반이 2학년 문과에서 전체 1등을 차지했다는 이야기를 들을 수 있었고, 경쟁으로 인해 서로를 견제하고 눈치를 보는 분위기 대신 학습 공동체에 어울리는 분위기와 태도를 만들 수 있었다는 것이 자랑스럽고 기뻤습니다.

☞ 잠깐!

앞부분 설명이 너무 장황하다. 분량을 조절해야겠다.

앞부분을 삭제하면 분량이 모자랄 텐데, 다른 에피소드 하나를 더 넣을까? 교육 봉사를 한 적이 있긴 한데, 그건 너무 임팩트가 없지 않을까? 조금 더 구체적인 장면을 찾아봐야겠다.

사실 대단한 결과를 낸 일이 많았는데, 쓰다 보니 그걸 다 뺐다. 그 결과들을 어떤 방식으로 자연스럽게 넣을까?

---

4. (선택) 지원 동기와 지원한 분야를 위해 어떤 노력과 준비를 해 왔는지 기술하시오.

저는 한의학의 세계화를 이루는 한의사가 꿈입니다. 그래서 문과임에도 불구하고 과학적 사고를 키우기 위해 노력했으며, 과학과 관련된 과목은 내내 1등급을 획득했습니다. 특히 단순히 수업만 듣는 것이 아니라 실험과 가설 이론 정립에도 적극적으로 참여했습니다. 식물의 세포와 엽록소를 관찰했고, DNA 구조에 대한 연구를 통해 다양한 식물을 생산하며 더 나아가 멸종 식물까지 보존할 수 있다는 것을 배웠습니다. 저는 '꿀벌이 사라지면 왜 인류가 멸망하는가?'에 대해 과학 시간에 짧게 논리적으로 설명한 적도 있습니다.

또, 한의학 고서와 원서를 읽을 때 한자 해석이 필수인 만큼 한문 학습에 최선을 다했습니다. 수업 시간에 직접 다루지 않았더라도 책에 소개된 한자를 꾸준히 암기했습니다. 또한 한시에 관심이 많아 오언율시를 찾아 읽었고, 한시에 쓰인 다양한 표현법을 분석해 감상문을 작성했습니다.

또, 윤리와 사상 과목을 수강하면서 동양 사상에 대한 이해를 넓힐 수 있었습니다. 불교나 도가 등 대표적인 동양 사상을 배우고, 《도덕경》 등의 원전을 읽으며 자연과 인간의 조화, 유기적인 관계를 중시하는 동양적 사고방식을 접할 수 있었습니다. 하지만 기(氣)나 도(道)와 같이 비유적이고 추상적인 개념들이 많아 쉽게 이해할 수 없었습니다. 이를 계기로 우리 선조들의 일상 속에 존재하던 개념이 왜 지금에 와서는 낯설게 느껴지는지에 대해 궁금증을 가지게 되었습니다. 이후 서양 사상과 역사를 배우며 지금 우리에게는 서양의 사상이 더 익숙하기 때문이라는 것을 깨달았습니다.

대학에 진학한 후에는 학과 과정에 충실하면서 한의철학, 한의학원론, 본초학총론 등 한의의 기본 원리를 집중적으로 공부하며, 중국 의학과의 차이점과 공통점에 대해 분석하고 싶습니다. 또한 ATKM 한의학 동아리에 들어가 한국에 소개되지 않은 많은 중국의 한의 관련 자료를 번역하여 우리나라에 알리고, 한의 자료를 영어로 번역하여 외국의 의대와 교류하고 싶습니다.

○○대 한의대가 미국의 존스 홉킨스대학교와 학술교류 협정을 맺은 뒤 ○○대

한의대 교수님이 존스 홉킨스 보완대체의학센터에서 근무하신다는 이야기를 들었습니다. 졸업 후에는 한국한의학연구원에서 연구원으로 일하면서 양의와 한의를 융복합할 수 있는 분야를 연구함과 동시에 중의와 한의 간 교류 및 상호 인정을 위해 노력하고, WHO 사업 협력 및 개발 도상국 지원 등 WHO 전통의학협력센터로서의 역할에 적극 참여하여 한의의 세계화에 이바지하고 싶습니다.

☞ **잠깐!**

학업 계획이 너무 평범하다. 내가 읽었던 책과 연결하는 것이 좋겠다.

전공 적합성이 빈약해 보이는데, 문과 학생이라 어쩔 수 없다. 학업 계획을 보다 구체적으로 적자.

동양 철학은 2번 문항의 답변에 이미 나왔는데, 특별한 문제가 없을까? 일단은 4번에 넣어도 큰 무리가 없으니 그대로 두자.

쓰다 보니 할머니 이야기가 빠졌네. 어딘가에 넣는 것이 좋겠다.

사실 문과인 내가 한의학과 관련된 노력이 있을 리 없잖아? 뭔가 포인트를 줘야겠다.

◉ 전체적으로 수정할 것

☞ 잠깐!

전반적으로 액션이 너무 부족해. 사례가 없기 때문인데 그래도 결정적 장면을 더 찾아야겠어.

문과 학생이 이과 계열 학과에 간다는 것이 두려워서인지 자꾸 지식의 나열이 많아지는 것 같아. 이 부분을 줄이자.

전체적으로 밋밋하니 다시 구성하자.

◉ 아래 사항을 토대로 자기소개서를 수정하고 완성해 봅시다.

☐ 탈락 사유가 기재되어 있는가를 봅니다.

☐ 진부한 어휘나 문장을 고쳐 봅니다.

☐ 3H가 잘 드러나 있는지 다시 봅니다.

☐ 글을 강조하기 위해 구성을 바꿔 봅니다.

최종본

1. 고등학교 재학 기간 중 학업에 기울인 노력과 학습 경험에 대해, 배우고 느낀 점을 중심으로 기술해 주시기 바랍니다.(1,000자 이내)

저는 문과임에도 불구하고 수학과 과학 과목에서 매우 우수한 성적을 거두었습니다. 부모님은 평소 진로에 대해 간섭하지 않으셨습니다. 오히려 철학에 관심을 가지고 있는 저에게 '융합적 지식 습득'은 현대 사회에서 가장 필요한 자세라고 응원해 주셨습니다. 덕분에 저는 3년 내내 이과 과목에 대한 부담이 없었고, 오히려 일찍 수학과 과학을 공부하는 방법을 터득할 수 있었습니다. 방법은 '개념화'였습니다. 저는 수학에서 개념을 확실하게 이해하고 있기 때문에 어떤 것도 수학적 개념으로 치환할 수 있어 1학년 때는 부등식의 영역을 응용해 태극기의 문양을 좌표 평면 위에 그래프로 직접 그려 보았습니다.

이것을 보신 수학 선생님은 제게 '수학 천재'라는 칭찬을 해 주셨습니다. 다른 친구들이 조금 어려워하는 미적분도 무척 재미있었습니다. 저에게 미분은 마치 넓이와 체적을 구하는 만병통치약처럼 느껴졌습니다. 실제 대입에서도 다양한 개념들을 적절하게 응용할 수 있어야 하기 때문에 이러한 개념 노트는 저의 수학 성적을 향상시키는 최고의 무기였습니다.

개념 학습은 과학을 공부할 때도 많은 도움이 되었습니다. 과학을 공부하면서 가장 중점을 둔 부분은 개념을 바탕으로 여러 반응이 도출되는 다양한 방법 및 과정을 이해하는 것이었습니다. 저는 기초 지식을 바탕으로 탄탄한 기반을 마련하기 위해서는 제대로 된 개념을 아는 것이 중요하다고 판단했습니다. 그래서 과학 공부를 할 때 기본 지식을 습득하였고, 복습을 통해 그에 대한 심화 과정을 이해하였습니다. 당연히 과학 과목을 공부할 때에도 저만의 개념 노트를 만들었습니다. 다른 친구들은 고전물리학, 양자역학 등의 기초 개념조차 몰랐지만, 저는 이

반드시 합격하는 자기소개서 뚝딱 쓰기

러한 개념 정리로 물리학의 역사적 흐름을 정리해서 친구들에게 설명할 수준까지 되었습니다. 이러한 공부방식을 통해 저는 2년간 한 번도 과학 과목에서 1등급을 놓친 적이 없습니다.

2. 고등학교 재학 기간 중 본인이 의미를 두고 노력했던 교내 활동을 배우고 느낀 점을 중심으로 3개 이내로 기술해 주시기 바랍니다. 단, 교외 활동 중 학교장의 허락을 받고 참여한 활동은 포함됩니다.(1,500자 이내)

저는 3학년 때, '한의학의 미래'라는 주제로 보고서를 작성했습니다. 제가 한의학에 관심을 가지게 된 것은 교내 '인문학 콘서트' 강좌를 듣고, 동양 철학에 대한 호기심이 생겼기 때문입니다.

이 수업은 실제 동양 철학의 고전을 읽어야만 했습니다. 그래서 이황의 《성학십도》를 읽고 성리학을 형이상학적 지식의 탐구를 위한 학문이 아닌, 자연과 인간에 관한 학문으로 볼 수 있게 되었고, 이를 계기로 동양 철학을 실생활에 적용해 사람들에게 도움을 줄 수 있는 한의학에 관심이 생겼습니다.

저는 한의학의 미래를 다양한 측면에서 바라보았습니다. 첫 번째로 한의계와 의료계 사이의 갈등 조정과 상호 보완적 관계로의 발전이 필수적이라고 생각했습니다. 그래서 두 입장이 어느 쟁점에서 대립하고 있는지 조사했고, 중국과 일본에서 어떻게 협진하는지 알아봤습니다. 두 번째로 저는 인공 지능의 사용과 더불어 한의학의 표준화와 정형화된 데이터 구축이 필수적이라고 생각했습니다. 마지막으로 한의학의 영향력이 커지고 있는 만큼 우리나라가 한의학과 침술의 세계화에 앞장서야 한다는 의견을 피력했습니다.

저는 온라인 설문지를 만들어서 대중적인 활동을 하는 세계 각국의 의사들에게 한의학에 대한 인지도와 인식을 조사했습니다. 50여 명에게 설문지를 보냈는데 그분들이 대체적으로 한의학의 이론과 성과에 대해서 긍정적으로 인식하고 있다는 사실에 놀랐습니다.

2학년 때 사회문화 시간에 기본소득제와 관련된 영상을 시청한 후 사회 구조 실험을 고안했습니다. 친구들은 기초적인 개념 설명만 하고, 저는 이 개념을 응용하여 직접 실험-모델링을 하는 방식으로 발표를 하기로 결정했습니다.

먼저 실험자들에게 코인을 배분하고, 소비와 노동 등 가상 사회 활동을 했습니다. 저는 《스웨덴 패러독스》에서 소개한 고부담 고복지 정률 조세 제도를 실험에 적용했습니다. 제 생각은 '스웨덴의 고부담 고복지 제도의 도입이 실험 내 경제적 불평등을 완화할 것이다'였습니다. 하지만 예상과 달리 불평등은 거의 완화되지 못했습니다. 가설이 틀리자, 일단 실험에 참가한 친구들에게 설문 조사를 했습니다. 설문 조사도 제가 세운 가설과는 괴리가 있었습니다. 그래서 아무리 좋은 정책이라도 사회 의식이 함께 수반되지 못한다면 단순한 시도로 끝날 수밖에 없다는 것을 깨달았습니다. 저는 이러한 내용을 반 친구들에게 발표했습니다. 선생님께 이 실험에 대한 발표가 매우 훌륭하다는 평가를 받아서 반 대표로 뽑혔고, 결국 교내 주제 탐구 대회에서 이 주제로 대상을 수상할 수 있었습니다.

3. 학교생활 중 배려, 나눔, 협력, 갈등 관리 등을 실천한 사례를 들고 그 과정을 통해 배우고 느낀 점을 구체적으로 기술해 주시기 바랍니다.(1,000자 이내)

저는 고등학교 시절 반장을 한 경험이 두 번 있습니다. 2학년 때는 학습 부장을 겸임했는데 면학 분위기와 성적을 올리기 위한 방법을 고민해 보자는 의견이 나왔습니다. 그중 '학습 노트 공유'와 같은 실질적인 내용은 즉시 실행했고, '점심 시간 학습 분위기 조성을 위한 학습부원 당번제'도 만들었습니다.

또 멘토-멘티 관계를 도입했습니다. 성적이 좋은 친구들을 중심으로 적극적으로 공부를 하려는 다른 친구들과 짝을 이뤄 서로 가르치면서 배우고, 성장하는 제도였습니다. 저 역시 수학과 과학 과목의 멘토로 활동했습니다.

학습부가 주도적으로 함께 하는 학습의 체제를 만들자 다른 친구들도 우리를 신뢰하고 필요한 것을 부탁하거나 도울 수 있는 것들을 찾기 시작했습니다. 전년도 기출 문제들을 공부할 때 집에 프린터가 없어 어려움을 겪는 친구가 있는 걸 보고 학습부에서 친구들에게 프린트해서 나눠 주었습니다. 이 중 특히 어려움을 겪는 학생이 있었는데, 이른바 '수포자' 친구였습니다. 제가 이 친구에게 제일 먼저 제안한 것은 '교과서 덮기'였습니다. 교과서에 나온 딱딱한 수학 문제보다는, 제가 독서를 통해 알게 된 수학적 개념들을 설명해 주었습니다. 그 친구는 기초적인 수학 문제를 푸는 데 재미를 느끼게 되었고, 한 학기가 지났을 때에는 수학 성적이 반 평균 정도로 올랐습니다. 그때부터 그 친구와 기출 문제집을 풀었는데, 늦게 공부를 시작했다는 부담감 때문인지 저보다 더 열심히 풀었습니다. 학년이 끝나갈 무렵 그 친구는 마침내 수학 과목에서 1등급을 받을 수 있었습니다.

학년 말에는 저희 반이 2학년 문과 전체 1등을 차지하는 좋은 결과를 거둘 수 있었고, 수포자였던 친구는 수학 과목에 재미를 느끼게 되었습니다. 그 친구가 이번 수시에서 서울의 중위권 대학에 원서를 쓰게 되어 저에게 고맙다는 이야기를 할 때, 저는 고등학교 시절 그 어떤 성과보다도 훌륭한 일을 해냈다는 뿌듯함을 느꼈습니다.

4. (선택) 지원 동기와 지원한 분야를 위해 어떤 노력과 준비를 해 왔는지 기술하시오.

저는 한의학의 세계화를 이루는 한의사가 되는 것이 꿈입니다. 맞벌이를 하시는 부모님을 대신해 저를 키워주신 할머니께서 암으로 쓰러지셨을 때, 할머니는 병원에 다니면서도 대체 의학을 병행하셨습니다. 그리고 기적적으로 병세가 호전

되었을 때는 완전한 대체 의학으로 몸 상태를 조절하셨습니다. 저는 그때 할머니의 강한 의지도 보았지만, 몸의 조화를 맞춰주는 대체 의학의 유용함도 어렴풋이 느낄 수 있었습니다.

또한 불교나 도가 등 대표적인 동양 사상을 배우고 《도덕경》 등의 원전을 읽으며 자연과 인간의 조화, 유기적인 관계를 중시하는 동양적 사고방식이 한의학의 기초가 된다는 것을 알게 되었습니다. 저는 동양 철학과 관련된 서적을 많이 읽었는데 기(氣)나 도(道)와 같이 비유적이고 추상적인 개념들이 많아 이해하기가 어려웠습니다. 그런데 서양의 사상과 역사를 배우며 지금 우리에게는 서양의 사상이 더 익숙하기 때문이라는 것을 깨달았습니다. 현상을 중요시하는 서양 의학은 병을 '치료'하는 것을 중요시하고, 한의학은 '조화'를 중요시한다는 것도 알게 되었습니다.

저는 문과임에도 불구하고 과학적 사고를 키우기 위해 노력했습니다. 그래서 과학과 관련된 과목은 재학 내내 1등급을 받았습니다. 특히 단순히 수업만 듣는 것이 아니라 실험과 가설 이론 정립에도 적극적으로 참여했습니다. 식물의 세포와 엽록소를 관찰했고, DNA 구조에 대한 연구를 통해 앞으로 더욱 다양한 식물을 생산해내고, 더 나아가 멸종 식물까지 보존할 수 있다는 것을 배웠습니다. 저는 '꿀벌이 사라지면 왜 인류가 멸망하는가?'에 대해 과학 시간에 짧게 발표를 한 적도 있습니다.

뿐만 아니라 한의학 연구를 위해 고서와 원서를 읽을 때 한자 해석이 필수인 만큼 한문과 중국어 학습에 최선을 다했습니다. 수업 시간에 직접 다루지 않았더라도 책에 소개된 한자들을 꾸준히 암기했습니다. 또한 한시에 관심이 많아 당시 오언율시를 찾아 읽었고, 한시에 쓰인 다양한 표현법을 분석하며 감상문을 작성했습니다.

○○대에 진학한 후에는 학과 과정에 충실하면서 한의철학, 한의학원론, 본초

학총론 등 한의의 기본 원리를 집중적으로 공부하고, 중의와의 차이점에 대해 분석하고 싶습니다.

또한 ATKM 한의학 동아리에 가입해 한국에 소개되지 않은 중국의 한의 관련 자료를 번역해 우리나라에 알리고, 한의학 자료를 영어로 번역하여 서양 의대와 교류하고 싶습니다. ○○대 한의대가 미국의 존스 홉킨스 대학교와 학술교류 협정을 맺은 뒤 ○○대 한의대 교수님이 존스 홉킨스 보완대체의학센터에서 근무하신다는 이야기를 들었습니다. 졸업 후에는 한국한의학연구원에서 연구원으로 일하면서 양의와 한의를 융복합할 수 있는 분야를 연구함과 동시에 중의와 한의 간 교류 및 상호 인정을 위해 노력하고, WHO 사업 협력 및 개발 도상국 지원 등 WHO 전통의학협력센터에서 한의학의 세계화에 이바지하고 싶습니다.

◉ **마지막으로 내가 작성한 자기소개서를 다른 사람에게 보여 줍니다.**

■ 내용 중 이해되지 않는 부분이 있는지 물어봅니다.
■ 탈락할 정도로 심각한 문제가 아니라면 특별히 신경 쓰지 말고 그대로 제출하면 됩니다.

자기소개서 연습장

앞에 나온 예시를 꼼꼼하게 읽어 보았다면, 이제 자기소개서 작성하는 법을 어느 정도 알게 되었을 것입니다. 너무 긴장하지 말고, 조급해하지도 말고, 여유를 갖는 것이 더 빨리, 더 뛰어난 자기소개서를 완성하는 길이라는 것을 명심하여 천천히 자기소개서를 작성해 봅시다.

1단계

● **나와 관련된 것을 자유롭게 적어 봅시다.**

● 생활 기록부에 적혀 있는 것 중 내세울 만한 것, 독특한 것 등을 적어 봅시다.

반드시 합격하는 자기소개서 뚝딱 쓰기

◉ **아래 사항을 읽어 보고 빠진 것이 있다면 필수로 적어 봅시다. 만약 위의 항목에 기재되어 있다면 표시만 해 두도록 합시다.**

1. 가장 잘하는 과목은? (중복 기재 가능)

2. 내가 받은 상 중에 가장 자랑하고 싶은 상은?

3. 내가 받은 상 중에 가장 열심히 해서 받은 것은?

4. 학교 활동 중 가장 열심히 한 것은?

5. 봉사 활동 중 가장 두드러지는 것은?

6. 다른 친구와 같이 한 것 중 가장 성과가 좋았던 일은?

◉ **나에 대해 쓴 것이 많지 않다면 아래 질문 중 해당하는 것과 관련지어 적어 봅시다. 답변은 다 적지 않아도 됩니다.**

1. 나의 성장 배경 중에서 두드러진 것이 있다면?

2. 우리 가족에겐 어떤 특징이 있을까?

3. 나의 학창 시절에 일어난 일 중 가장 기억에 남는 일은?

4. 내 인생에 가장 많은 영향을 준 사람은?

5. 내가 다른 사람과 다른 것이 있다면?

6. 나의 장점은 무엇인가? 그 장점으로 인한 긍정적 결과는 무엇이 있을까?

7. 나의 단점은 무엇인가? 그 단점으로 인한 부정적 결과는 무엇이 있을까?

반드시 합격하는 자기소개서 뚝딱 쓰기

8. 나만의 특이한 경험이 있다면?

9. 대학생이 되면 하고 싶은 것은?

10. 나의 장래 희망은 무엇인가?

11. 전공과 관련해서 나는 어떤 재능이 있을까? 그리고 그 사례는 무엇인가?

12. 내가 살면서 가장 힘들었던 일은?

13. 감명 깊게 읽은 책, 영화 등은 무엇인가?

반드시 합격하는 자기소개서 뚝딱 쓰기

14. 인상 깊었던 장소는 어디인가?

15. 다른 이들과 구분되는 나 혹은 내 주변의 특별한 점이 있다면?

16. 기타 기록사항

2단계

● 1단계에서 적은 것을 토대로 다른 학생과 구분되는 '나'에 대해 추려 봅시다.

◉ 나의 우수성/ 나의 성실성/ 전공 적합성 등을 드러낼 수 있는 것들을 추려 봅시다.

◉ 질문을 읽고 답이 될 만한 것을 2단계의 내용을 바탕으로 채워 봅시다.

만약 쓸 만한 것이 없다면 1단계에 적은 내용을 확인해 봅시다.

---

1. 고등학교 재학 기간 중 학업에 기울인 노력과 학습 경험에 대해 배우고 느낀 점을 중심으로 기술해 주시기 바랍니다.(1,000자 이내)

반드시 합격하는 자기소개서 뚝딱 쓰기

2. 고등학교 재학 기간 중 본인이 의미를 두고 노력했던 교내 활동을 배우고 느낀 점을 중심으로 3개 이내로 기술해 주시기 바랍니다. 단, 교외 활동 중 학교장의 허락을 받고 참여한 활동은 포함됩니다.(1,500자 이내)

3. 학교생활 중 배려, 나눔, 협력, 갈등 관리 등을 실천한 사례를 들고 그 과정을 통해 배우고 느낀 점을 구체적으로 기술해 주시기 바랍니다.(1,000자 이내)

반드시 합격하는 자기소개서 뚝딱 쓰기

4. (선택) 지원 동기와 지원한 분야를 위해 어떤 노력과 준비를 해 왔는지 기술하시오.

●자신이 선택한 소재를 보면서 다음 요소를 고려해 소재 수정을 해 봅시다.

☐ 3H가 잘 들어갔는가?

☐ 지나치게 진부한 소재는 아닌가?

☐ 생각 중심의 소재보다는 행동 중심의 소재로 구성되어 있는가?

3단계

● **선택한 소재로 스토리보드를 만들어 봅시다.**

☐ 지금의 소재를 잘 설명할 수 있는 결정적 장면이 없을까?

☐ 보다 인상 깊게 구성할 수는 없을까?

☐ 분량이 너무 많으면 줄이자. 소재 당 500자 내외의 분량.

☐ 3H를 적절히 배분하자.

1. 고등학교 재학 기간 중 학업에 기울인 노력과 학습 경험에 대해, 배우고 느낀 점을 중심으로 기술해 주시기 바랍니다.(1,000자 이내)

반드시 합격하는 자기소개서 뚝딱 쓰기

2. 고등학교 재학 기간 중 본인이 의미를 두고 노력했던 교내 활동을 배우고 느낀 점을 중심으로 3개 이내로 기술해 주시기 바랍니다. 단, 교외 활동 중 학교장의 허락을 받고 참여한 활동은 포함됩니다.(1,500자 이내)

3. 학교생활 중 배려, 나눔, 협력, 갈등 관리 등을 실천한 사례를 들고 그 과정을 통해 배우고 느낀 점을 구체적으로 기술해 주시기 바랍니다.(1,000자 이내)

4. (선택) 지원 동기와 지원한 분야를 위해 어떤 노력과 준비를 해 왔는지 기술하시오.

◉ 글을 쓰기 전, 내가 만든 스토리보드 외에 유의할 점을 적어 봅시다.

반드시 합격하는 자기소개서 뚝딱 쓰기

4단계

◉ **아래 내용에 유의하면서 직접 글을 써 봅시다.**

■ 분량은 생각하지 말고 스토리보드를 따라간다는 생각으로 편하게 작성합시다.

■ 육하원칙을 지켜 글을 쓴 후 스토리보드에 작성한 내용을 적어 봅니다

■ 문장을 짧게 끊어서 씁시다.

1. 고등학교 재학 기간 중 학업에 기울인 노력과 학습 경험에 대해, 배우고 느낀 점을 중심으로 기술해 주시기 바랍니다.(1,000자 이내)

반드시 합격하는 자기소개서 뚝딱 쓰기

2. 고등학교 재학 기간 중 본인이 의미를 두고 노력했던 교내 활동을 배우고 느낀 점을 중심으로 3개 이내로 기술해 주시기 바랍니다. 단, 교외 활동 중 학교장의 허락을 받고 참여한 활동은 포함됩니다.(1,500자 이내)

3. 학교생활 중 배려, 나눔, 협력, 갈등 관리 등을 실천한 사례를 들고 그 과정을 통해 배우고 느낀 점을 구체적으로 기술해 주시기 바랍니다.(1,000자 이내)

4. (선택) 지원 동기와 지원한 분야를 위해 어떤 노력과 준비를 해 왔는지 기술하시오.

● **아래 사항을 읽어본 후 자기소개서를 수정하고 완성해 봅시다.**

☐ 탈락 사유가 기재되어 있는가를 봅니다.

☐ 진부한 어휘나 문장을 고쳐 봅니다.

☐ 마지막으로 3H가 잘 드러나 있는지 다시 봅니다.

☐ 포인트를 주기 위해 글의 구성을 바꾸는 것은 어떨지 생각해 봅니다.

최종본

1. 고등학교 재학 기간 중 학업에 기울인 노력과 학습 경험에 대해, 배우고 느낀 점을 중심으로 기술해 주시기 바랍니다.(1,000자 이내)

2. 고등학교 재학 기간 중 본인이 의미를 두고 노력했던 교내 활동을 배우고 느낀 점을 중심으로 3개 이내로 기술해 주시기 바랍니다. 단, 교외 활동 중 학교장의 허락을 받고 참여한 활동은 포함됩니다.(1,500자 이내)

3. 학교생활 중 배려, 나눔, 협력, 갈등 관리 등을 실천한 사례를 들고 그 과정을 통해 배우고 느낀 점을 구체적으로 기술해 주시기 바랍니다.(1,000자 이내)

4. (선택) 지원 동기와 지원한 분야를 위해 어떤 노력과 준비를 해 왔는지 기술하시오.

반드시 합격하는 자기소개서 뚝딱 쓰기

◉ **마지막으로 내가 작성한 자기소개서를 다른 사람에게 보여 줍니다.**

■ 내용 중 이해되지 않는 부분이 있는지 물어봅니다.

■ 탈락할 정도로 심각한 문제가 아니라면 특별히 신경 쓰지 말고 그대로 제출

하면 됩니다.

반드시 합격하는
자기소개서 뚝딱 쓰기

초판 1쇄 발행 2020년 5월 25일

지은이   김호창
펴낸이   곽철식

책임편집 이소담 구주연
디자인   박영정
펴낸곳   다온북스
인쇄   영신사
출판등록 2011년 8월 18일 제311-2011-44호
주소   서울시 마포구 토정로 222, 한국출판콘텐츠센터 313호
전화   02-332-4972   팩스 02-332-4872
전자우편   daonb@naver.com

ISBN 979-11-90149-33-4 (13370)

이 도서의 국립중앙도서관 출판예정도서목록(CIP)은 서지정보유통지원시스템
홈페이지(http://seoji.nl.go.kr)와 국가자료공동목록시스템(http://www.nl.go.kr/kolisnet)에서
이용하실 수 있습니다.(CIP제어번호:CIP2020017062)

다온북스는 독자 여러분의 아이디어와 원고 투고를 기다리고 있습니다.
책으로 만들고자 하는 기획이나 원고가 있다면, 언제든 다온북스의 문을 두드려 주세요.